Einstern

Mathematik für Grundschulkinder

3

Arbeitsheft

Erarbeitet von
Roland Bauer
Jutta Maurach

In Zusammenarbeit
mit der
Cornelsen Redaktion
Grundschule

Cornelsen

Inhaltsverzeichnis

Zahlen bilden und notieren

1 Bestimme für jedes Bild die Anzahl der Hunderter, Zehner und Einer.
Schreibe in eine Stellentafel und als Zahl.

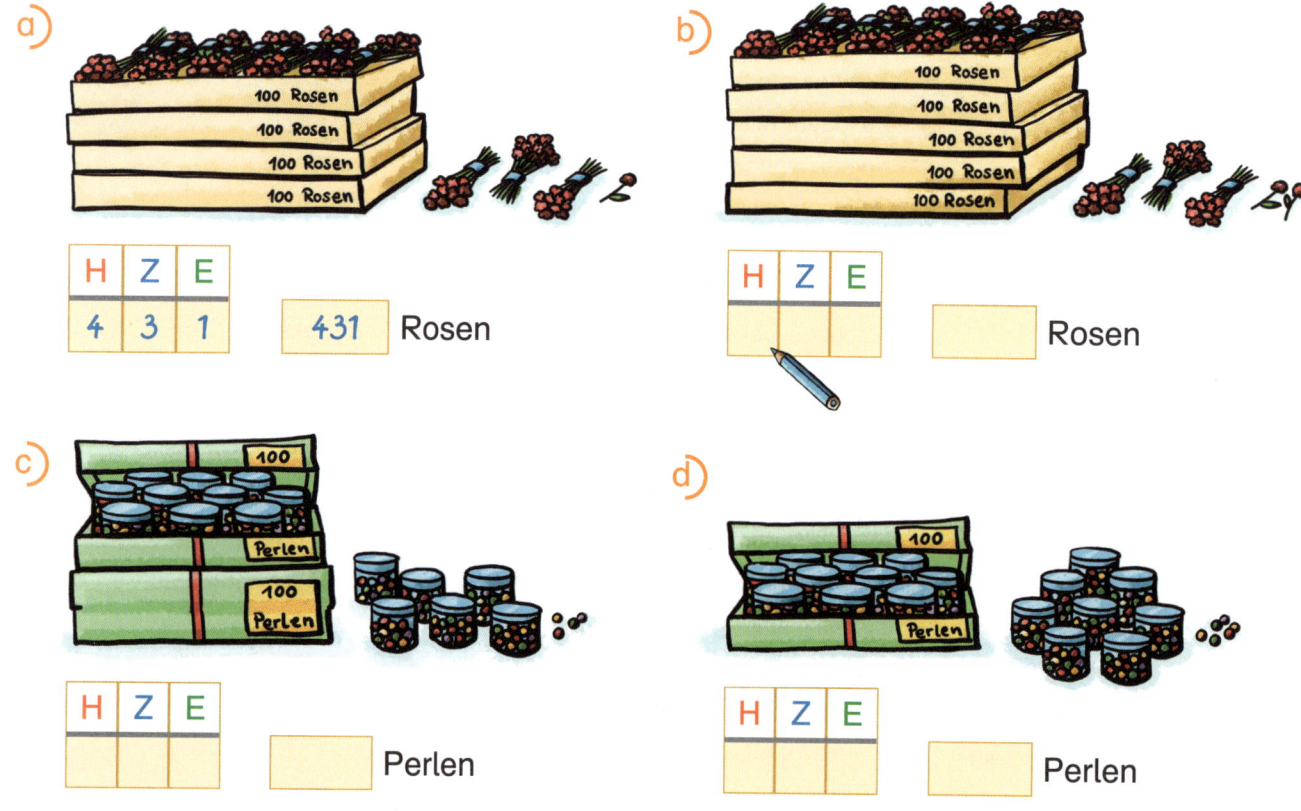

a)

H	Z	E
4	3	1

431 Rosen

b)

H	Z	E

Rosen

c)

H	Z	E

Perlen

d)

H	Z	E

Perlen

2 Bestimme für jedes Bild die Anzahl der Hunderter, Zehner und Einer.
Schreibe in eine Stellentafel.

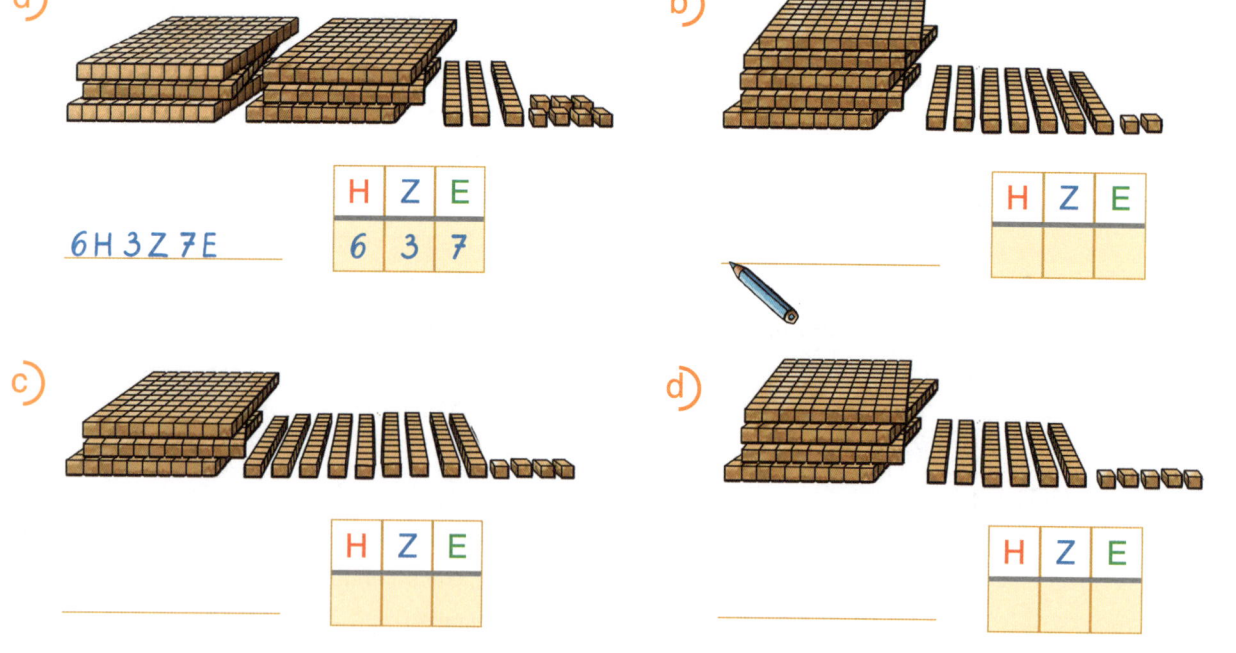

a)

6 H 3 Z 7 E

H	Z	E
6	3	7

b)

H	Z	E

c)

H	Z	E

d)

H	Z	E

Verschiedene Zahldarstellungen nutzen

1 Schreibe zu jedem Bild passend auf.

a)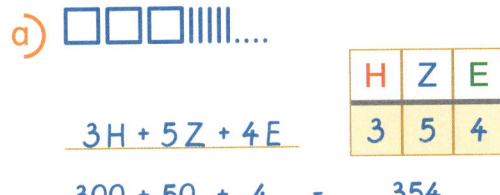

$3H + 5Z + 4E$

H	Z	E
3	5	4

$300 + 50 + 4 = 354$

b)

H	Z	E

c)

H	Z	E

d)

H	Z	E

2 Zeichne die passenden Bilder.

a)
H	Z	E
2	4	9

b) $6H + 1Z + 4E$

c) $400 + 60 + 8$

d) 705

e) $5H + 7Z$

f)
H	Z	E
3	0	6

3 Immer zwei Kärtchen gehören zusammen. Verbinde.

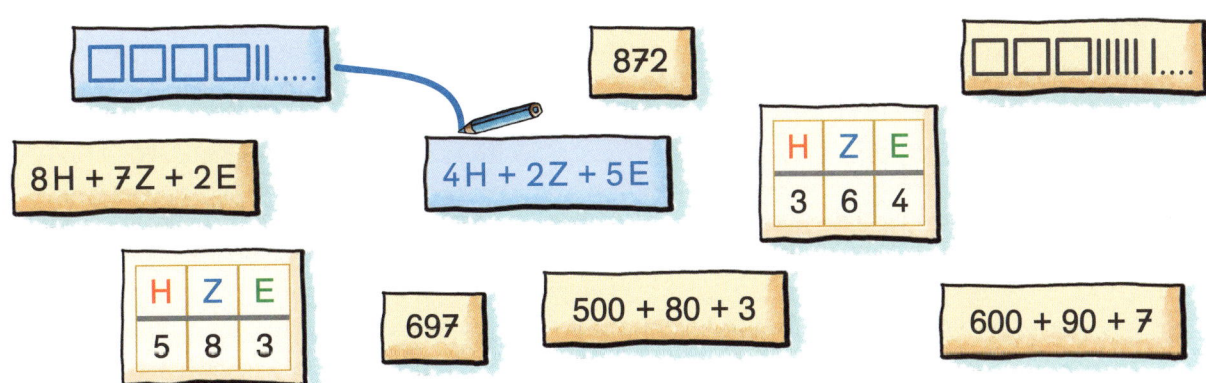

872

$8H + 7Z + 2E$

$4H + 2Z + 5E$

H	Z	E
3	6	4

H	Z	E
5	8	3

697

$500 + 80 + 3$

$600 + 90 + 7$

Zahlen bis 1000 als Fläche darstellen

1 Überlege dir Zahlen zwischen 100 und 1000.
Male die entsprechende Anzahl von Kästchen aus.
Schreibe die Zahlen unter die jeweilige Figur.
Male für jede Zahl verschiedene Formen.

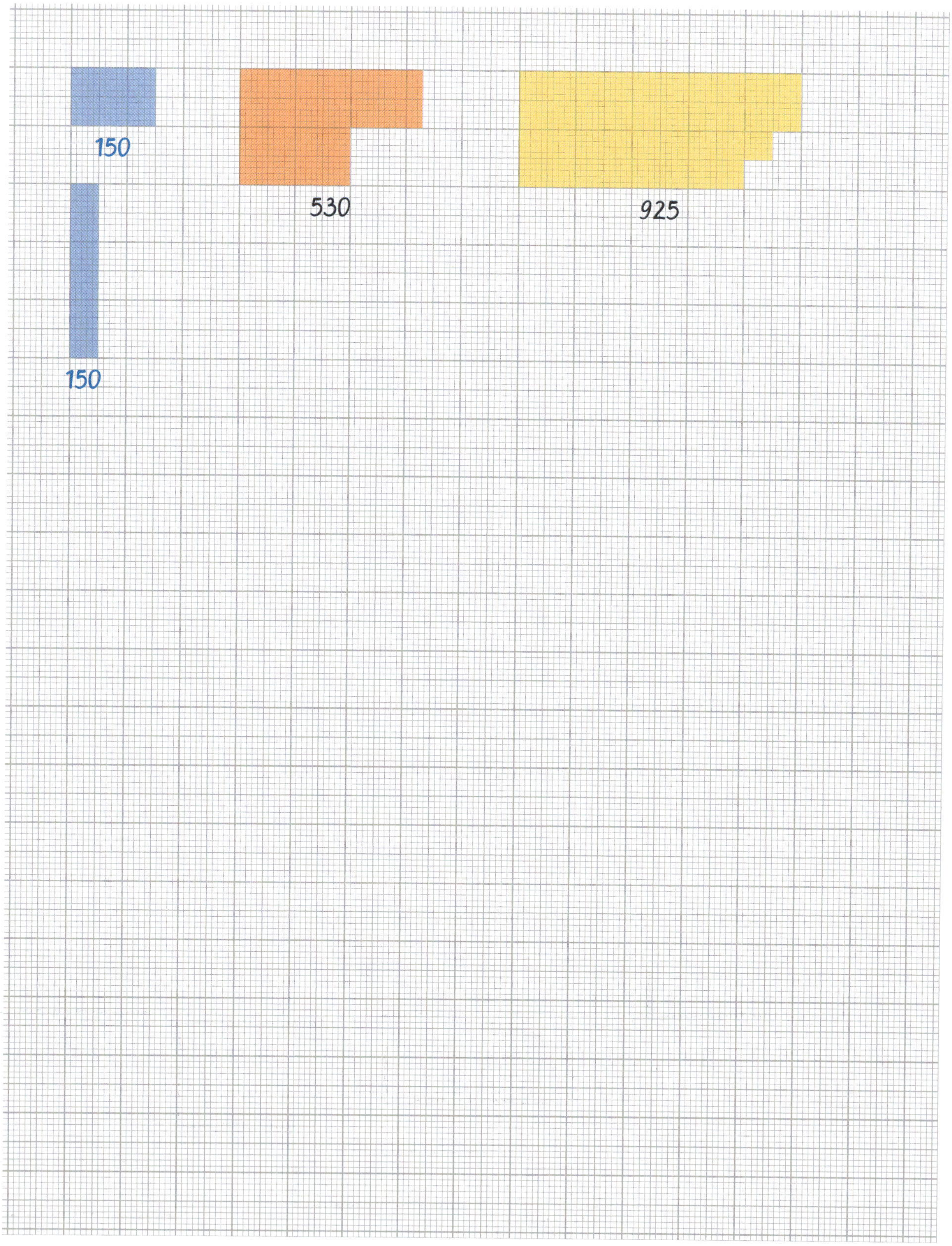
150
530
925
150

Zahlen in die Tausendertafel eintragen und erkennen

1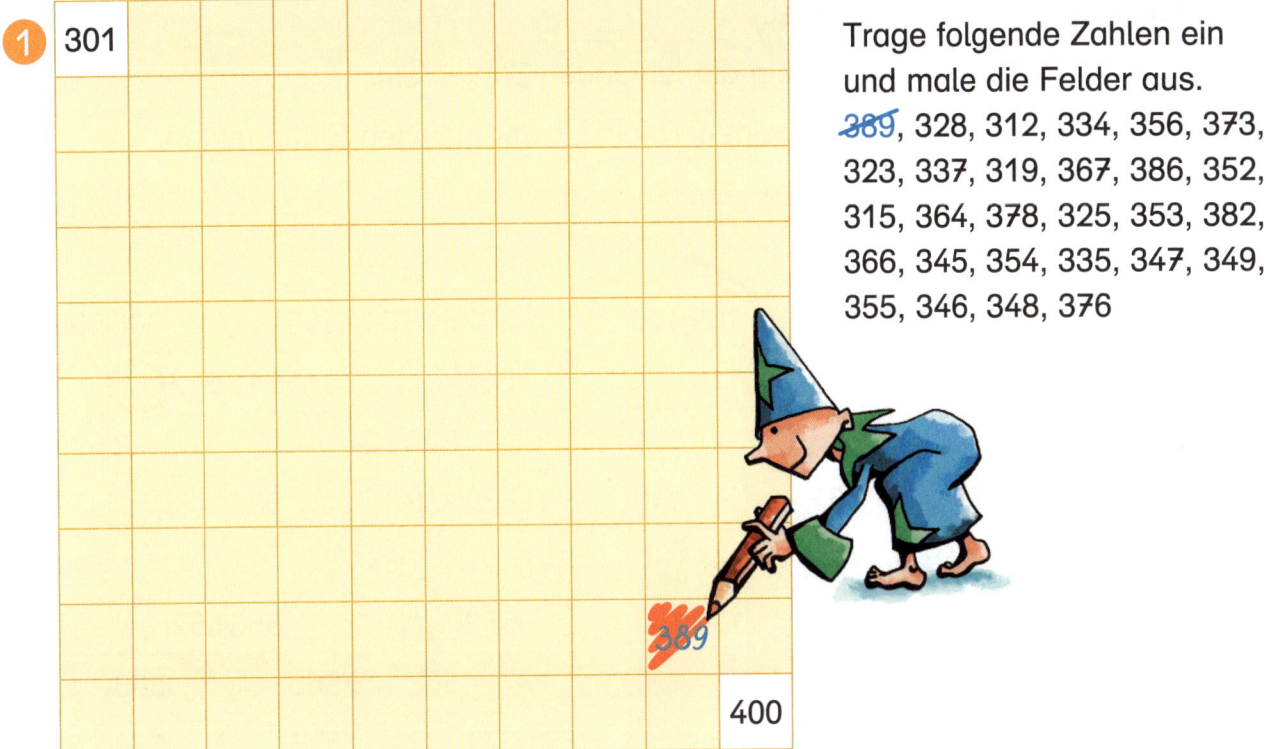

301

400

Trage folgende Zahlen ein und male die Felder aus.

389, 328, 312, 334, 356, 373, 323, 337, 319, 367, 386, 352, 315, 364, 378, 325, 353, 382, 366, 345, 354, 335, 347, 349, 355, 346, 348, 376

2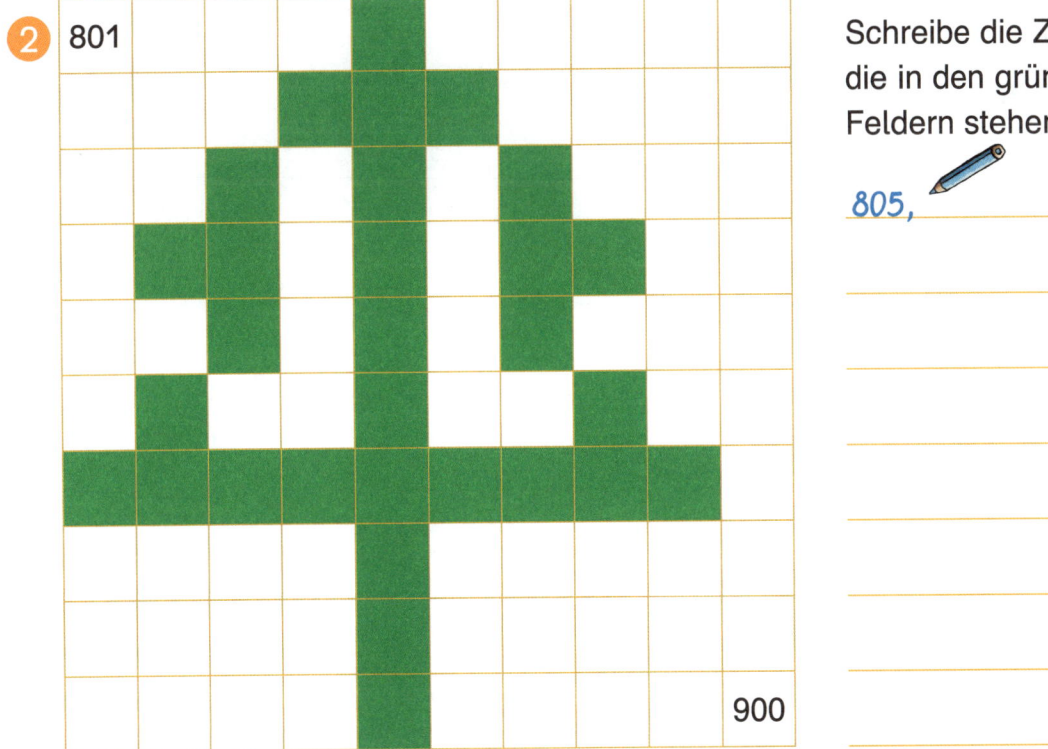

801

900

Schreibe die Zahlen auf, die in den grün gefärbten Feldern stehen.

805,

3 Gestalte selbst eine Rätsel-Bild-Aufgabe für andere Kinder.

Tausendertafel ergänzen und Paare finden

1 Arbeite mit der Tausendertafel.

a) Trage in beiden Hundertertafeln die fehlenden Zahlen ein.

b) Kreise die Zahlen ein, die in beiden Tafeln an der gleichen Stelle fehlen.

c) Schreibe mindestens 10 solcher Zahlenpaare auf.
   Es gibt 25 solcher Paare.

101	102	103	104	105	106	107		109	110
111		113	114	115		117	(118)	119	
121	122			125	126		128		130
		133	134			137			140
141				145	146		149		
151	152	153	154					159	160
161			164			167			170
		173			176			179	
181		183		185		187		189	
	192		194		196		198		200

501	502	503	504	505			508	509	510
511	512			515	516	517	(518)		520
		523	524				528	529	
531	532	533			536			539	540
541			544					549	
	552				556	557			560
		563		565			568		
571	572			575			578		
		583			586			589	
591			594				598		600

118, 518 _____ _____ _____ _____ _____

_____ _____ _____ _____ _____

2 Trage die fehlenden Zahlen ein.

a)
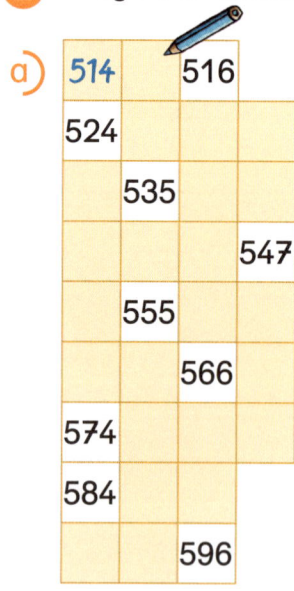

b)

c)
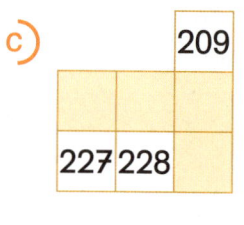

d)

e)
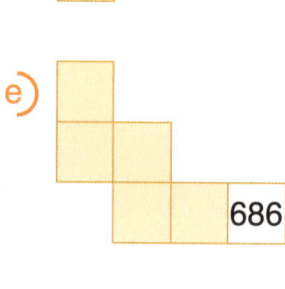

f)
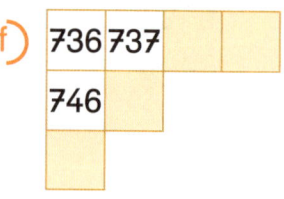

g)

Zahlen am Zahlenstrahl eintragen

1 Trage die Zahlen ein.

a)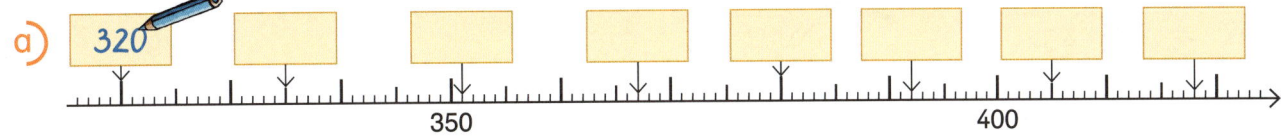

b)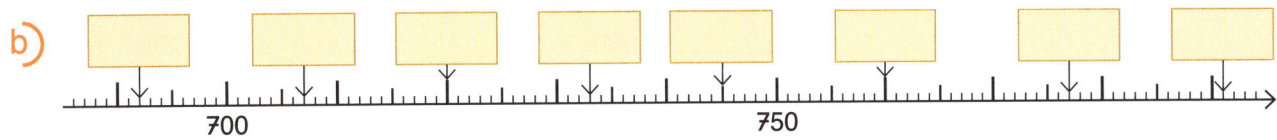

c)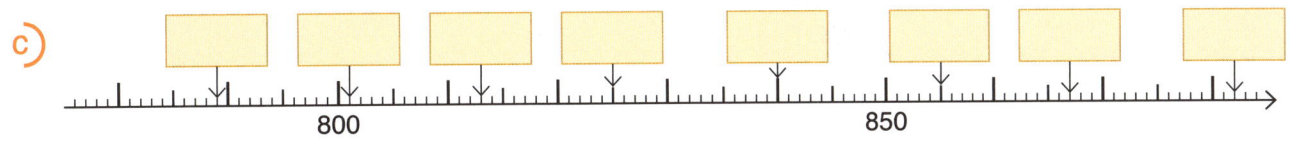

d)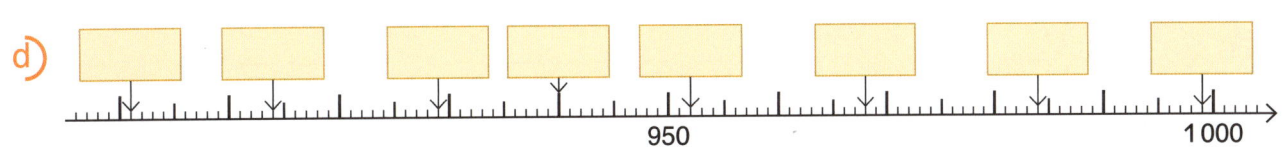

2 Markiere in den Ausschnitten aus dem Zahlenstrahl bis 1 000 die folgenden Zahlen mit einem Pfeil.

a) ~~180~~, 240, 223, 171, 208

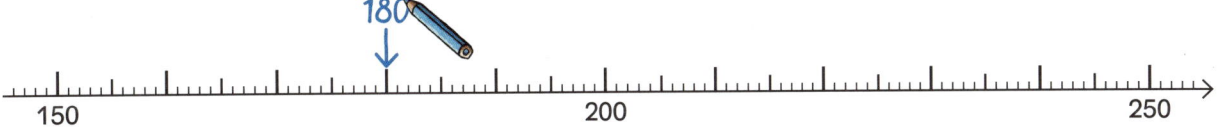

b) 420, 433, 467, 449, 381

c) 780, 799, 735, 759, 831

d) 923, 877, 906, 841, 899

Vorgänger, Nachfolger, Nachbarzehner und -hunderter bestimmen

1 Trage jeweils Vorgänger und Nachfolger ein.

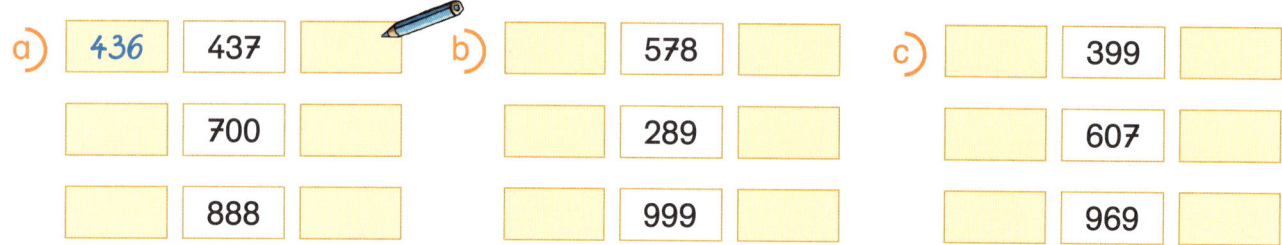

a) | | 436 | 437 | |
b) | | | 578 | |
c) | | 399 | |

| | 700 | | | | 289 | | | | 607 | |

| | 888 | | | | 999 | | | | 969 | |

2 Trage die fehlenden Zahlen ein.

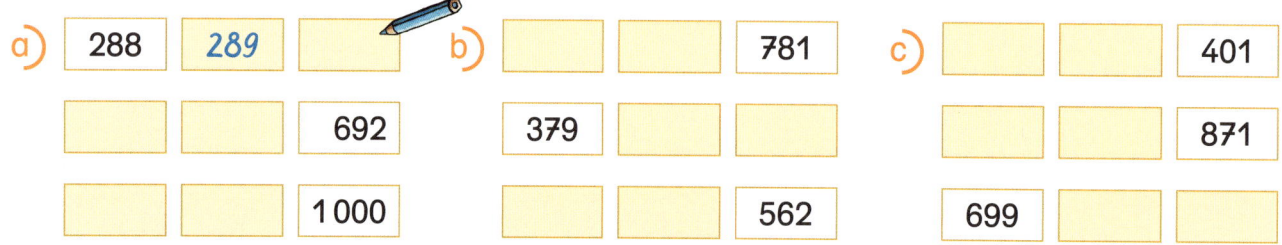

a) | 288 | 289 | |
b) | | | 781 |
c) | | | 401 |

| | | 692 | | 379 | | | | | | 871 |

| | | 1000 | | | | 562 | | 699 | | |

3 Bestimme zu jeder Zahl die Nachbarzehner (NZ).

NZ	Zahl	NZ
410	416	
	607	
	794	
	500	
	994	

4 Ergänze die Tabelle.

NH	Zahl	NH
300	368	
		600
	750	
	487	
900		

5 Schreibe Zahlen auf, die …

a) … 360 und 370 als Nachbarzehner haben.

b) … 800 und 900 als Nachbarhunderter haben.

6 Schreibe deine Lieblingszahl auf:

a) Bestimme die Nachbarzehner.   b) Bestimme die Nachbarhunderter.

Zahlen der Größe nach verbinden

1 Verbinde die Zahlen der Größe nach.

von 356 bis 376   von 910 bis 1001

von 555 bis 625   von 127 bis   138

369

365   363

367

356 •362

•376

358 •360

370   359

•375

372   373

625

555•• •618

558•   •609

560•   607

•602

562

599

583

581   •591

577   589

567 • 573 580

571 • 579

569

564

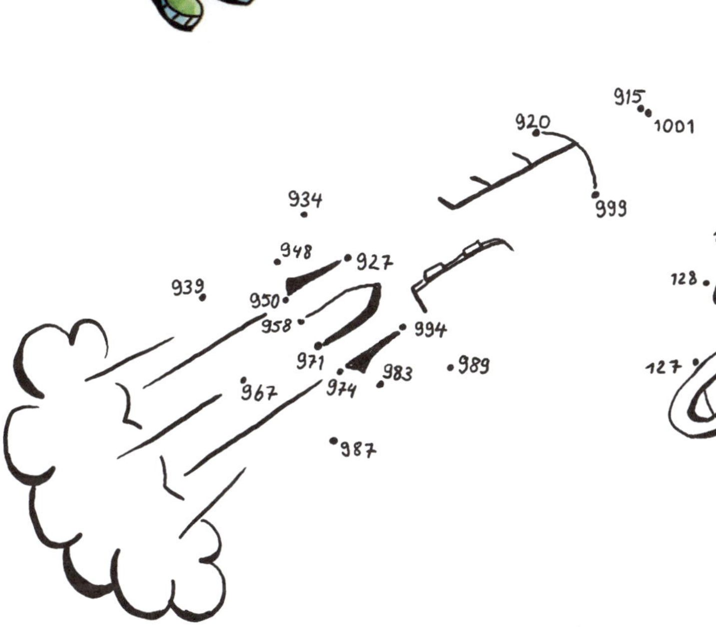

910

915

920   1001

999

934

948   927

939   950

958

971   994

967   974 983 •989

987

129   130

128•   131 •132

            •133

127 •   •134

138   •135

137   136

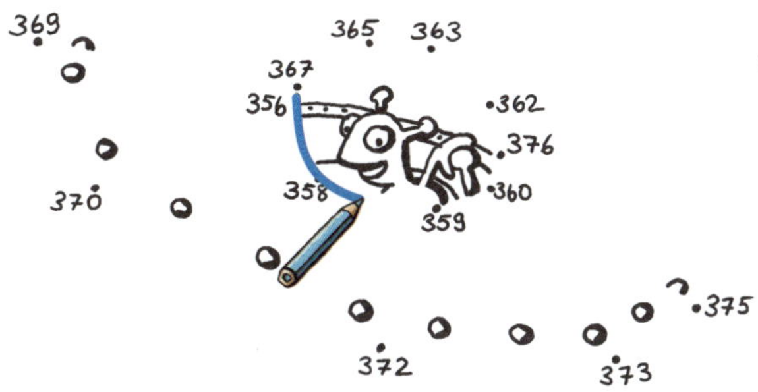

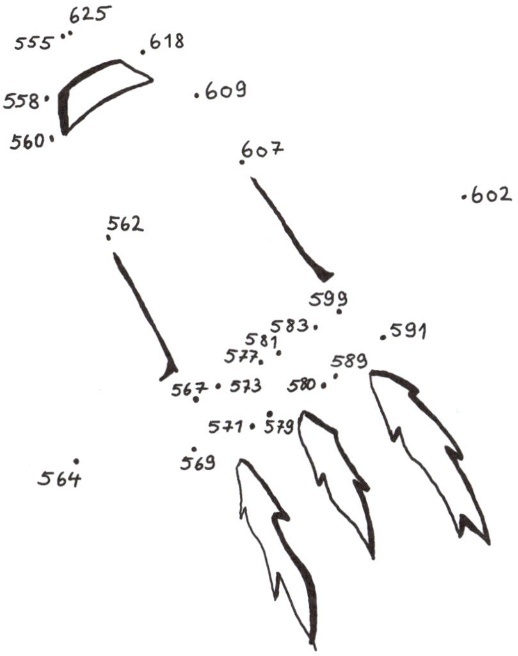

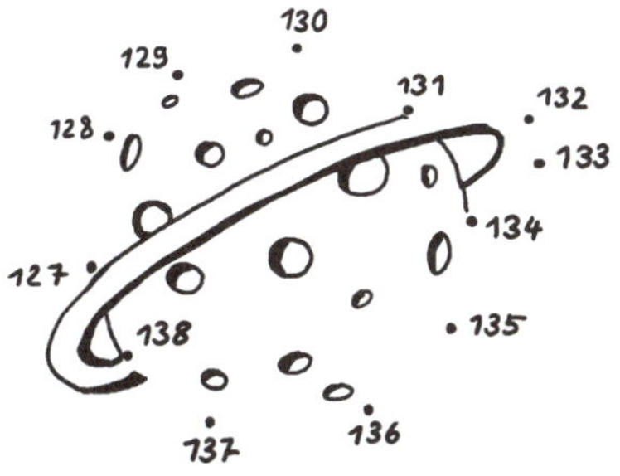

Zahlreihen fortsetzen

1 Setze die Zahlreihen fort.

a) | 418 | 419 | 420 | 421 | | | | | |

b) | 874 | 873 | 872 | | | | | | |

c) | 596 | 597 | 598 | | | | | | |

d) | 326 | 328 | 330 | 332 | | | | | |

e) | 712 | 717 | 722 | | | | | | |

f) | 693 | 683 | 673 | | | | | | |

2 Überlege, wie die Zahlreihen gebildet werden und setze sie fort.

a) +1 +2

| 224 | 225 | 227 | 230 | | | | |

b) | 999 | 989 | 969 | 939 | | | | |

c) | 543 | 545 | 549 | 555 | | | | |

d) +5 −3

| 642 | 647 | 644 | 649 | | | | |

e) | 198 | 188 | 190 | 180 | | | | |

f) | 352 | 353 | 351 | 354 | | | | |

Zahlen vergleichen und ordnen

1 Setze das passende Zeichen ein: <, =, >.

a) 658 < 713
319 ◯ 299
456 ◯ 456
234 ◯ 610
187 ◯ 781

b) 516 ◯ 614
791 ◯ 692
555 ◯ 444
809 ◯ 809
123 ◯ 132

c) 410 ◯ 287
149 ◯ 406
396 ◯ 621
742 ◯ 723
987 ◯ 969

d) 300 ◯ 299
439 ◯ 439
856 ◯ 901
740 ◯ 675
841 ◯ 837

2 Male immer die kleinste Zahl rot an.

a) 164 167
519 516

b) 497 491
786 782

c) 358 355
886 882

d) 276 279
695 690

3 Male immer die größte Zahl gelb an.

a) 776 779
354 358

b) 544 548
675 670

c) 674 634
253 283

d) 463 493
995 955

4 Ordne die Zahlen. Die Buchstaben ergeben ein Lösungswort.

Beginne mit der kleinsten Zahl.

a)
406	327	219	501	328
H	U	B	E	C

219				
B				

b)
240	198	793	791	204
N	T	E	N	A

Beginne mit der größten Zahl.

c)
641	376	553	464	730
H	N	O	R	A

730				
A				

d)
874	599	612	904	871
I	E	H	E	C

Symmetrische Figuren entdecken und Korrekturen einzeichnen

1 Die Burg ist nicht symmetrisch. Ergänze die Zeichnung oder
streiche Dinge durch, so dass das Bild symmetrisch wird.

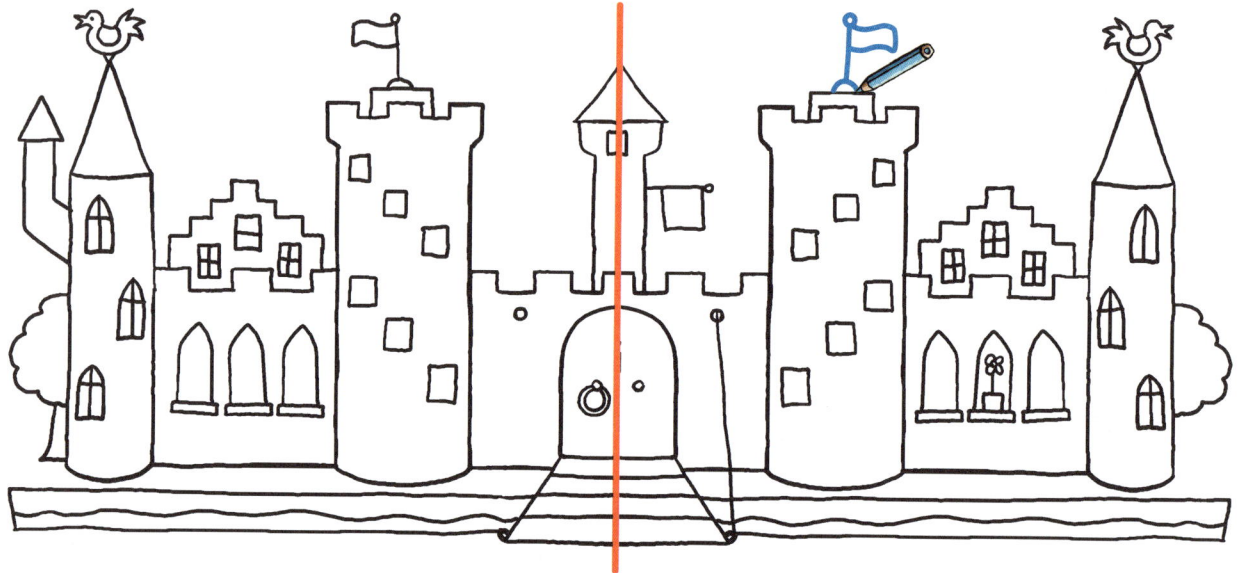

2 Male jeweils zueinander symmetrische Fische mit der gleichen Farbe aus.

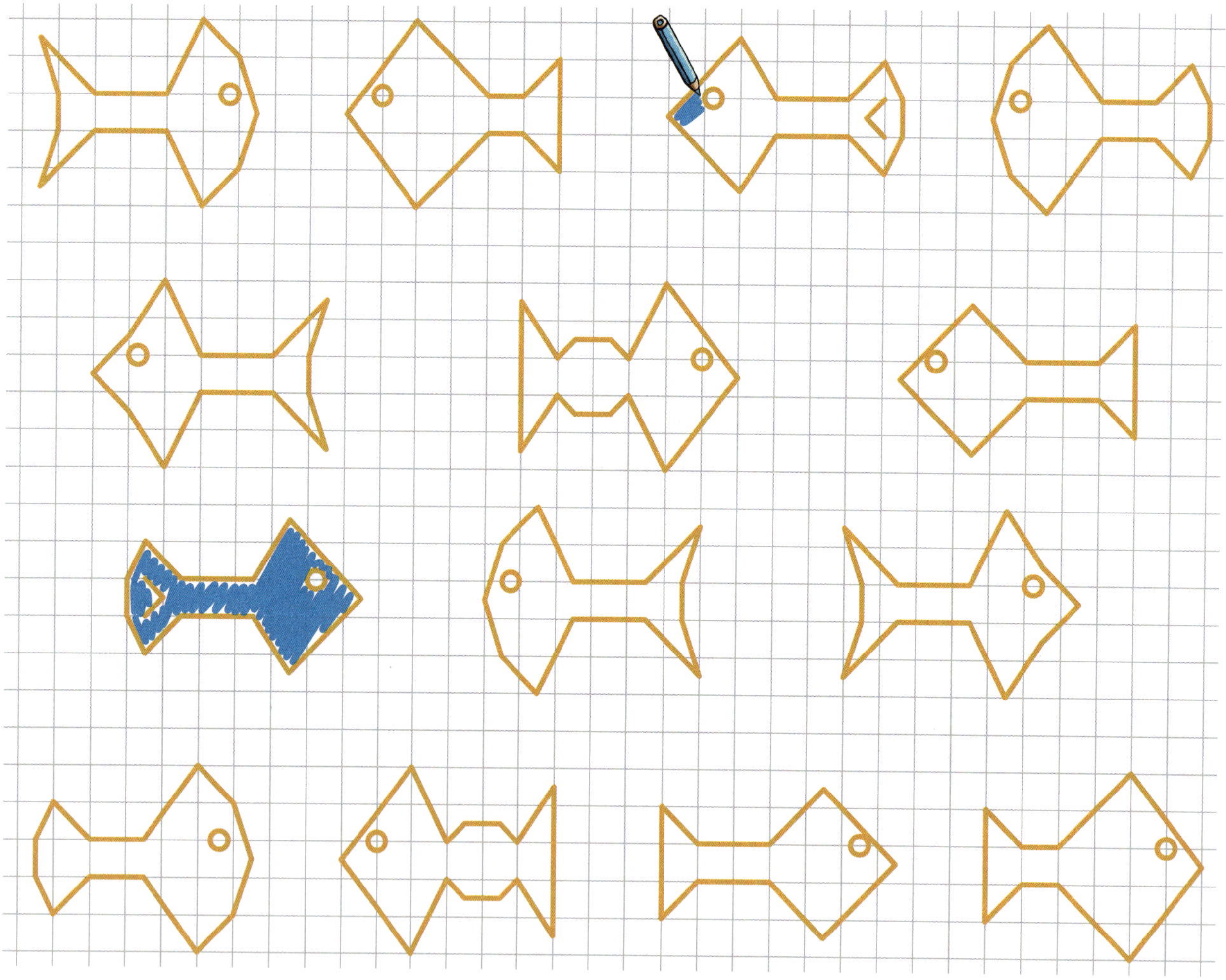

Symmetrieachsen einzeichnen und Spiegelbilder zeichnen

1 Stelle fest, ob die Figuren symmetrisch sind.
Zeichne bei symmetrischen Figuren mit einem roten Stift alle Symmetrieachsen ein.
Benutze ein Lineal.

2 Zeichne das Spiegelbild.

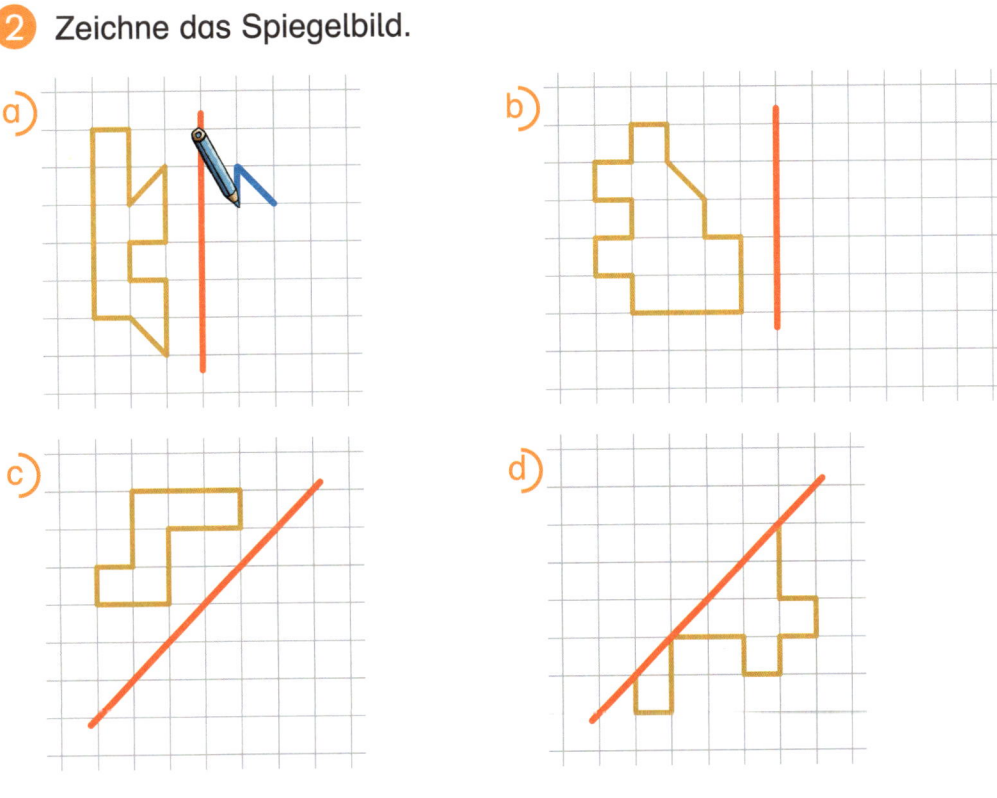

1 Zeichne immer den fehlenden Geldschein ein.
Schreibe als Plusaufgabe, wie sich der Geldbetrag zusammensetzt.

a)

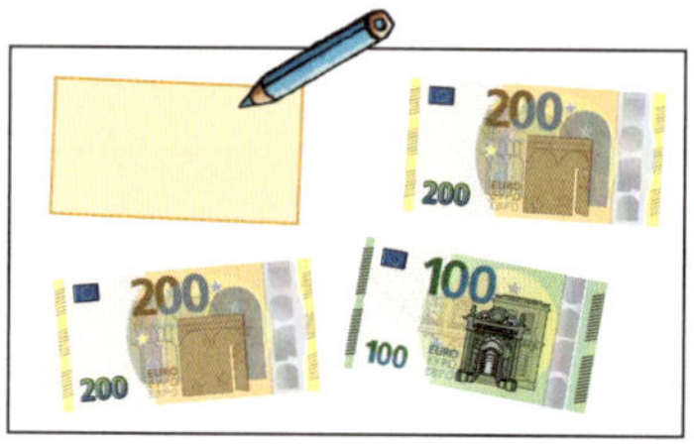

700 €

200 € + ☐ € + ☐ € + ☐ € = 700 €

b)

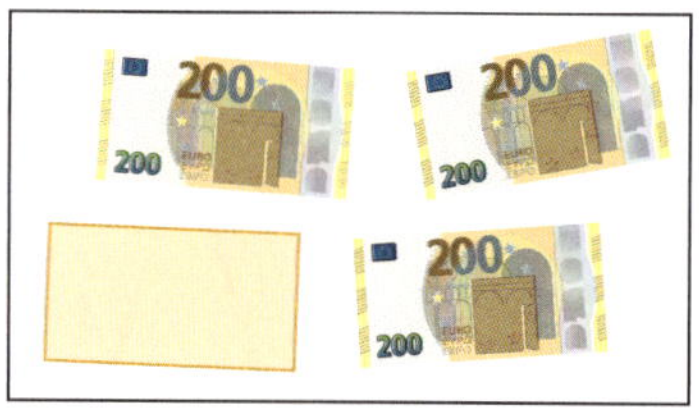

800 €

☐ € + ☐ € + ☐ € + ☐ € = 800 €

c)

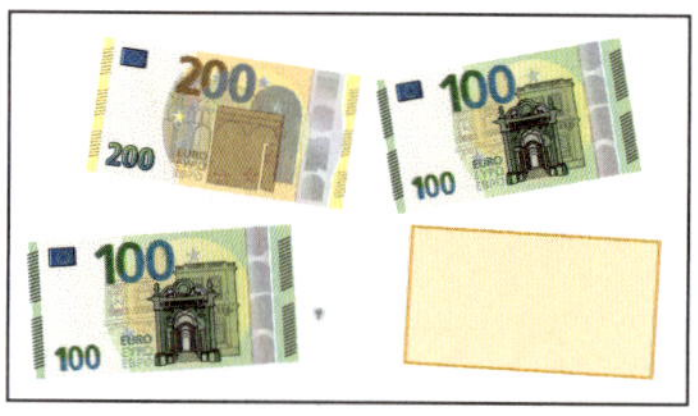

500 €

☐ € + ☐ € + ☐ € + ☐ € = 500 €

d)

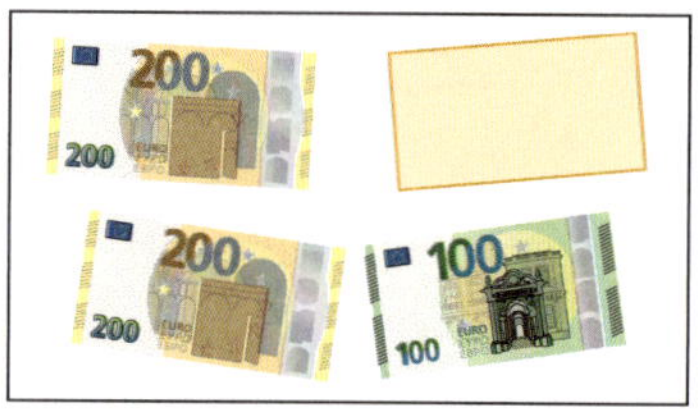

600 €

☐ € + ☐ € + ☐ € + ☐ € = 600 €

2 Zeichne jeweils passende Geldscheine ein.

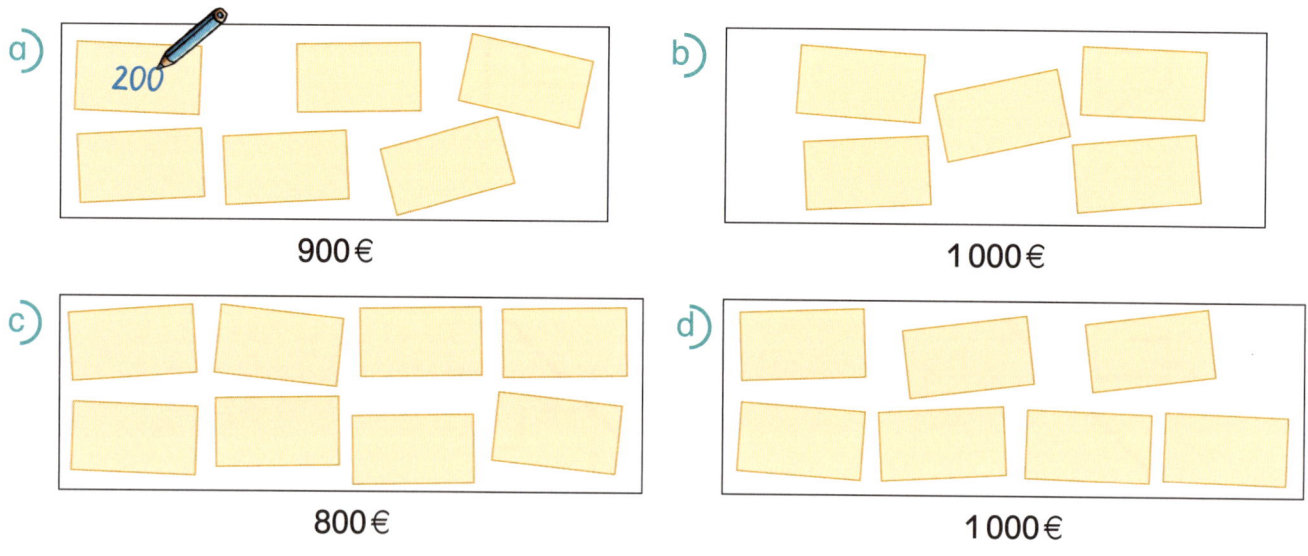

a)   200

900 €

b)

1 000 €

c)

800 €

d)

1 000 €

Plusaufgaben mit Hunderterzahlen üben

1 Trage die fehlenden Zahlen ein. Du kannst auch zuerst legen oder zeichnen.

a) $300 + 600 = \boxed{900}$

$500 + 300 = \boxed{}$

$400 + 500 = \boxed{}$

$600 + 400 = \boxed{}$

b) $200 + \boxed{} = 1000$

$400 + \boxed{} = 700$

$600 + \boxed{} = 900$

$300 + \boxed{} = 800$

c) $\boxed{} + 400 = 700$

$\boxed{} + 500 = 900$

$\boxed{} + 200 = 600$

$\boxed{} + 700 = 1000$

d) $158 + 200 = \boxed{}$

$436 + 500 = \boxed{}$

$285 + 600 = \boxed{}$

$363 + 400 = \boxed{}$

e) $425 + \boxed{} = 825$

$192 + \boxed{} = 792$

$538 + \boxed{} = 938$

$205 + \boxed{} = 705$

f) $\boxed{} + 223 = 623$

$\boxed{} + 423 = 723$

$\boxed{} + 576 = 876$

$\boxed{} + 358 = 958$

2 Fülle die Rechentabellen aus.

a)

+	200	500	600	400
250	450			
340				
180				

b)

+	100	300	500	200
187				
456				
308				

3 Fülle die Rechenketten vollständig aus.

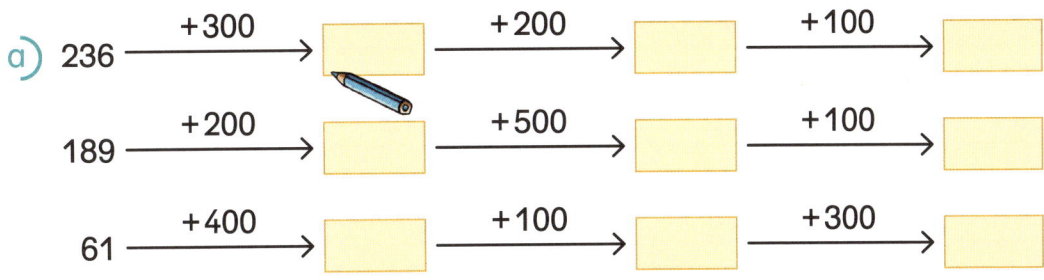

a) $236 \xrightarrow{+300} \boxed{} \xrightarrow{+200} \boxed{} \xrightarrow{+100} \boxed{}$

$189 \xrightarrow{+200} \boxed{} \xrightarrow{+500} \boxed{} \xrightarrow{+100} \boxed{}$

$61 \xrightarrow{+400} \boxed{} \xrightarrow{+100} \boxed{} \xrightarrow{+300} \boxed{}$

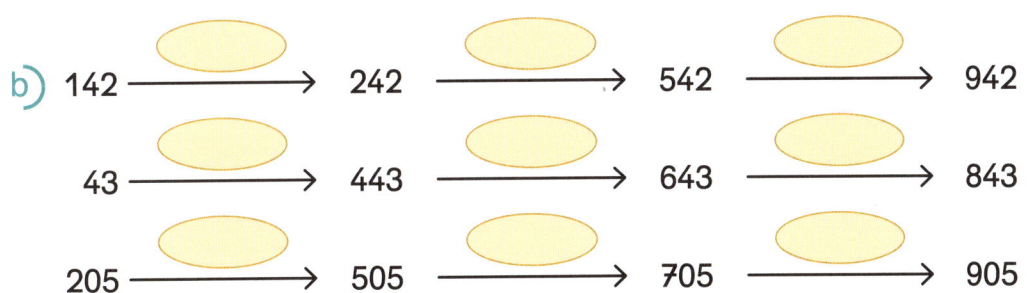

b) $142 \longrightarrow 242 \longrightarrow 542 \longrightarrow 942$

$43 \longrightarrow 443 \longrightarrow 643 \longrightarrow 843$

$205 \longrightarrow 505 \longrightarrow 705 \longrightarrow 905$

c) Erfinde selbst Rechenketten und schreibe sie in dein Heft.

Minusaufgaben mit Hunderterzahlen üben

1 Trage die fehlenden Zahlen ein.

a)
900 − 300 = **600**
700 − 500 = ☐
800 − 400 = ☐
1 000 − 200 = ☐

b)
400 − ☐ = 100
800 − ☐ = 500
600 − ☐ = 300
1 000 − ☐ = 200

c)
☐ − 200 = 300
☐ − 400 = 500
☐ − 600 = 200
☐ − 500 = 100

d)
856 − 400 = ☐
543 − 200 = ☐
921 − 700 = ☐
784 − 300 = ☐

e)
605 − ☐ = 105
423 − ☐ = 223
795 − ☐ = 495
963 − ☐ = 363

f)
☐ − 300 = 425
☐ − 700 = 147
☐ − 800 = 59
☐ − 100 = 187

2 Fülle die Rechentabellen aus.

a)

−	200	400	100	300
720	520			
510				
480				

b)

−	100	700	500	600
782				
924				
835				

3 Fülle die Rechenketten vollständig aus.

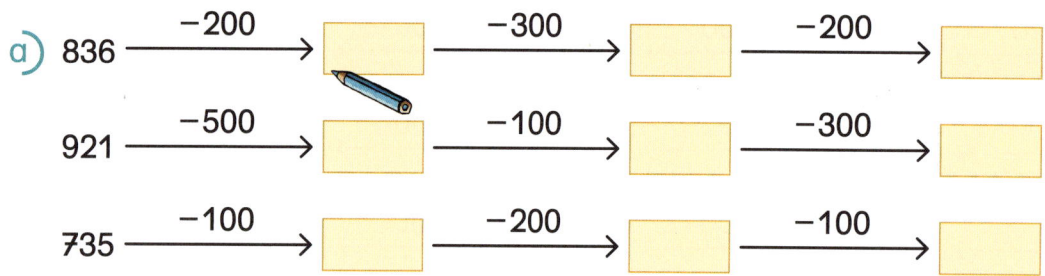

a)
836 —−200→ ☐ —−300→ ☐ —−200→ ☐
921 —−500→ ☐ —−100→ ☐ —−300→ ☐
735 —−100→ ☐ —−200→ ☐ —−100→ ☐

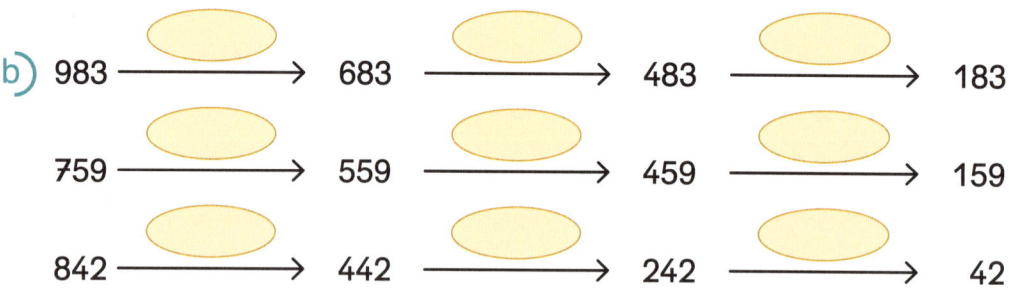

b)
983 —◯→ 683 —◯→ 483 —◯→ 183
759 —◯→ 559 —◯→ 459 —◯→ 159
842 —◯→ 442 —◯→ 242 —◯→ 42

c) Erfinde selbst Rechenketten und schreibe sie in dein Heft.

Plusaufgaben in zwei Schritten lösen

1 Stelle deine Rechenschritte dar.

a) 340 + 250 = ☐

im Pfeilbild

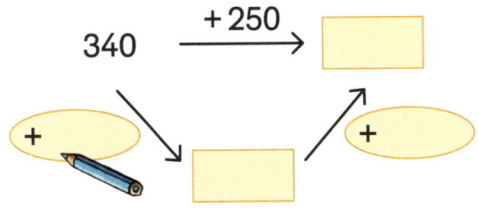

am Rechenstrich

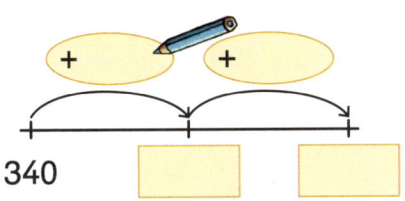

340 ☐ ☐

als Rechenbild

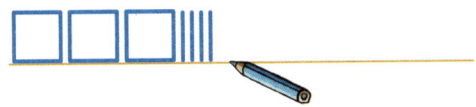

als Rechnung

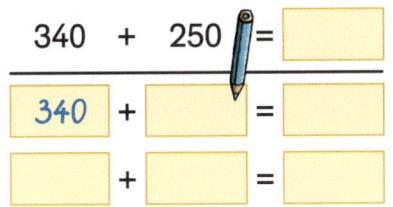

340 + 250 = ☐
340 + ☐ = ☐
☐ + ☐ = ☐

b) 243 + 320 = ☐

im Pfeilbild

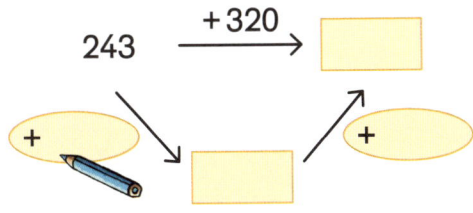

am Rechenstrich

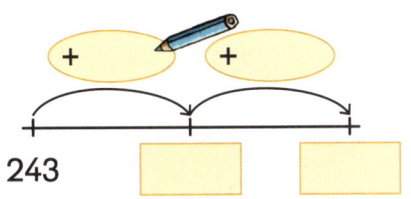

243 ☐ ☐

als Rechenbild

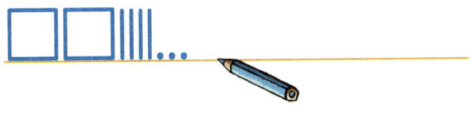

als Rechnung

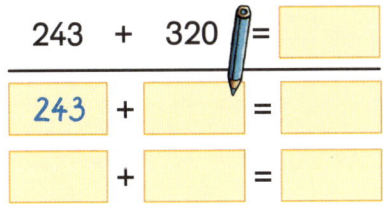

243 + 320 = ☐
243 + ☐ = ☐
☐ + ☐ = ☐

Addition und Subtraktion im Zahlenraum bis 1000
Addition und Subtraktion im Zahlenraum bis 1000

1 Stelle deine Rechenschritte dar.

a) $870 - 350 = \boxed{}$

im Pfeilbild

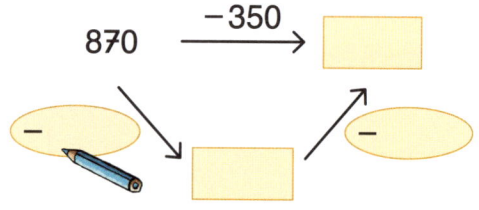

am Rechenstrich

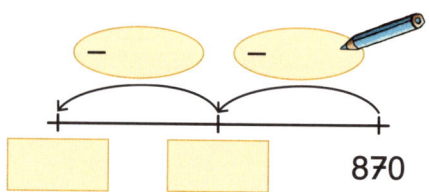

als Rechenbild

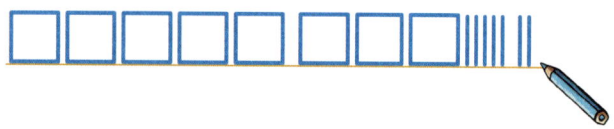

als Rechnung

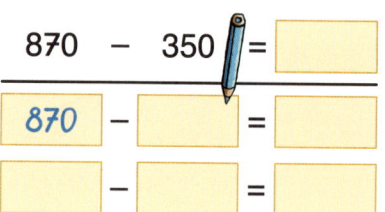

b) $986 - 430 = \boxed{}$

im Pfeilbild

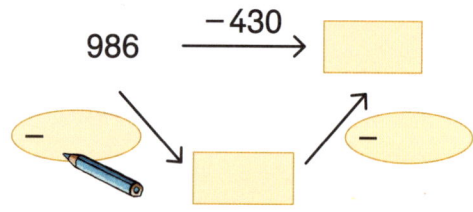

am Rechenstrich

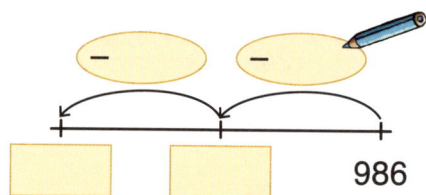

als Rechenbild

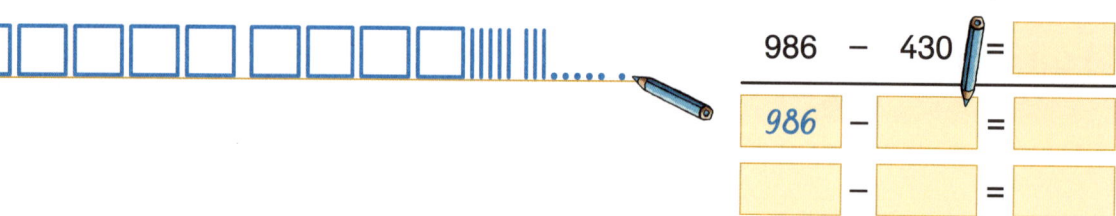

als Rechnung

Addition und Subtraktion im Zahlenraum bis 1 000
Addition und Subtraktion im Zahlenraum bis 1 000

Plus- und Minusaufgaben üben

1 Rechne. Male die Ergebnisfelder im Bild unten aus.

a) 240 + 320 = 560

130 + 240 =

310 + 570 =

420 + 360 =

b) 440 + 550 =

370 + 210 =

274 + 420 =

125 + 650 =

c) 278 + 320 =

445 + 530 =

526 + 260 =

378 + 310 =

d) 780 − 250 =

670 − 420 =

560 − 330 =

990 − 560 =

e) 890 − 350 =

480 − 220 =

726 − 510 =

945 − 330 =

f) 857 − 430 =

948 − 520 =

693 − 360 =

561 − 240 =

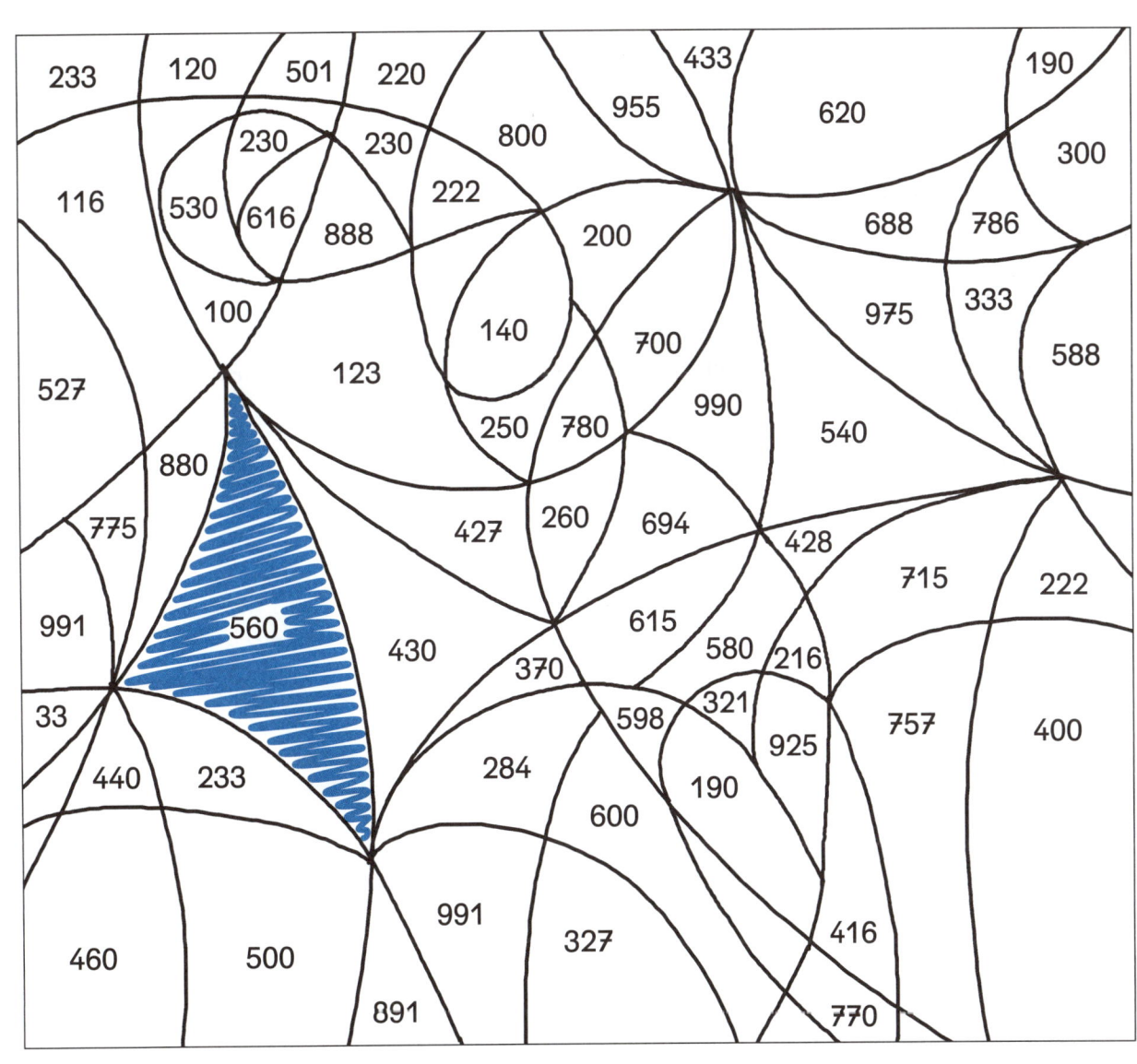

Addition und Subtraktion im Zahlenraum bis 1000

Addition und Subtraktion im Zahlenraum bis 1000

Plusaufgaben mit Hilfe verwandter Aufgaben lösen

1 Rechne zuerst die „einfachen" verwandten Aufgaben.

a)
8 + 4 = $\boxed{12}$
80 + 40 = $\boxed{120}$
680 + 40 = $\boxed{}$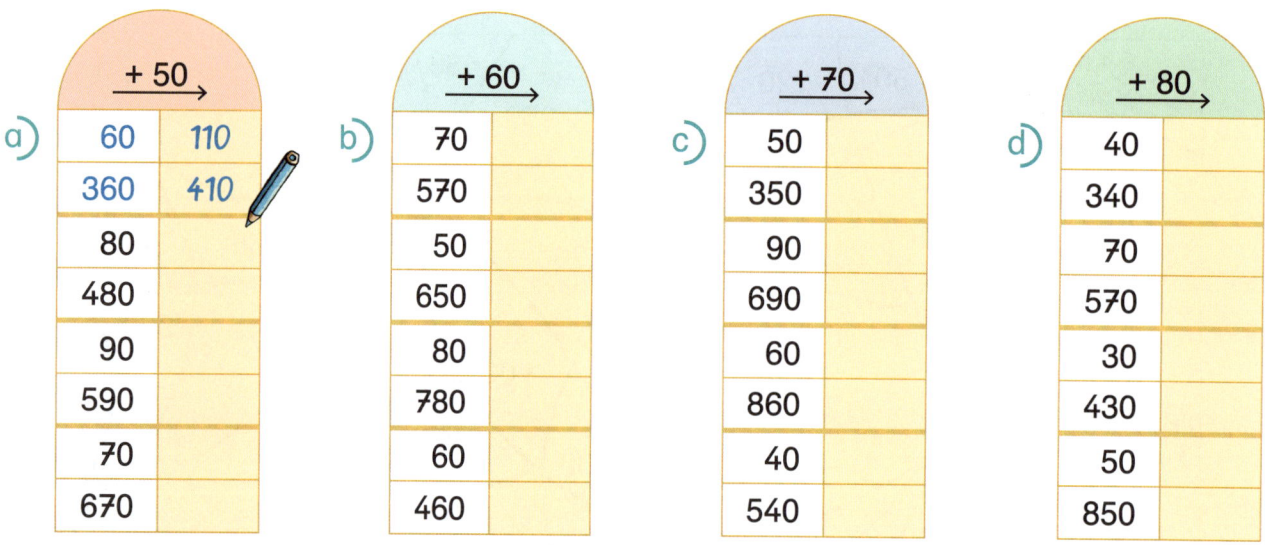

b)
7 + 5 = $\boxed{}$
70 + 50 = $\boxed{}$
470 + 50 = $\boxed{}$

c)
9 + 6 = $\boxed{}$
90 + 60 = $\boxed{}$
690 + 60 = $\boxed{}$

2 Finde und löse zuerst die „einfachen" verwandten Aufgaben.

a)
$\boxed{3}$ + $\boxed{8}$ = $\boxed{11}$
$\boxed{30}$ + $\boxed{80}$ = $\boxed{110}$
830 + 80 = $\boxed{}$

b)
$\boxed{}$ + $\boxed{}$ = $\boxed{}$
$\boxed{}$ + $\boxed{}$ = $\boxed{}$
790 + 50 = $\boxed{}$

c)
$\boxed{}$ + $\boxed{}$ = $\boxed{}$
$\boxed{}$ + $\boxed{}$ = $\boxed{}$
580 + 60 = $\boxed{}$

3 Ergänze.

a) **+ 50**

60	110
360	410
80	
480	
90	
590	
70	
670	

b) **+ 60**

70	
570	
50	
650	
80	
780	
60	
460	

c) **+ 70**

50	
350	
90	
690	
60	
860	
40	
540	

d) **+ 80**

40	
340	
70	
570	
30	
430	
50	
850	

4 Rechne und bilde selbst solche Aufgabenpaare.

a)
450 + 80 = $\boxed{530}$
480 + 50 = $\boxed{}$
560 + 70 = $\boxed{}$
570 + 60 = $\boxed{}$
780 + 40 = $\boxed{}$
740 + 80 = $\boxed{}$

b)
380 + 70 = $\boxed{}$
$\boxed{}$ + $\boxed{}$ = $\boxed{}$
590 + 70 = $\boxed{}$
$\boxed{}$ + $\boxed{}$ = $\boxed{}$
860 + 80 = $\boxed{}$
$\boxed{}$ + $\boxed{}$ = $\boxed{}$

c)
$\boxed{}$ + $\boxed{}$ = $\boxed{}$
$\boxed{}$ + $\boxed{}$ = $\boxed{}$
$\boxed{}$ + $\boxed{}$ = $\boxed{}$
$\boxed{}$ + $\boxed{}$ = $\boxed{}$
$\boxed{}$ + $\boxed{}$ = $\boxed{}$
$\boxed{}$ + $\boxed{}$ = $\boxed{}$

d) Überlege, warum die Aufgabenpaare immer das gleiche Ergebnis haben.

Addition und Subtraktion im Zahlenraum bis 1 000

Plusaufgaben mit dem eigenen Rechenweg in zwei Schritten lösen

1 Löse die verwandten Aufgaben. Trage die Ergebnisse ein.

a)

+ 30	
90	120
390	420
394	
594	
794	

b)

+ 50	
70	
670	
673	
773	
873	

c)

+ 80	
60	
68	
468	
668	
868	

d)

+ 60	
90	
92	
492	
592	
792	

2 Löse die Aufgaben. Notiere deine Rechenschritte.

a) am Rechenstrich

$647 + 170 =$ ☐

┼_____
647

$596 + 230 =$ ☐

┼_____
596

$358 + 570 =$ ☐

┼_____
358

b) als Rechnung

$376 + 260 =$ ☐	$485 + 350 =$ ☐	$597 + 250 =$ ☐
$376 +$ ☐ $=$ ☐	$485 +$ ☐ $=$ ☐	$597 +$ ☐ $=$ ☐
☐ $+$ ☐ $=$ ☐	☐ $+$ ☐ $=$ ☐	☐ $+$ ☐ $=$ ☐

3 Ergänze die Rechenmauern. Rechne in zwei Schritten im Kopf.

a) 196 | 240 | 280

b) 70 | 290 | 335

c) 260 | 170 | 287

Minusaufgaben mit Hilfe verwandter Aufgaben lösen

1 Rechne zuerst die „einfachen" verwandten Aufgaben.

a) $12 - 5 =$ `7`
$120 - 50 =$ `70`
$820 - 50 =$ ⬚

b) $15 - 8 =$ ⬚
$150 - 80 =$ ⬚
$650 - 80 =$ ⬚

c) $11 - 3 =$ ⬚
$110 - 30 =$ ⬚
$910 - 30 =$ ⬚

2 Finde und löse zuerst die „einfachen" verwandten Aufgaben.

a) $12 - 7 = 5$
$120 - 70 = 50$
$920 - 70 =$ ⬚

b) ⬚ $-$ ⬚ $=$ ⬚
⬚ $-$ ⬚ $=$ ⬚
$730 - 80 =$ ⬚

c) ⬚ $-$ ⬚ $=$ ⬚
⬚ $-$ ⬚ $=$ ⬚
$640 - 70 =$ ⬚

3 Ergänze.

a) -50

120	70
520	470
140	
640	
100	
700	
130	
830	

b) -70

130	
630	
150	
850	
110	
510	
140	
940	

c) -80

d) -60

4 Rechne und bilde selbst solche Aufgabenpaare.

a) $420 - 50 =$ `370`
$460 - 90 =$ ⬚
$610 - 40 =$ ⬚
$640 - 70 =$ ⬚
$740 - 80 =$ ⬚
$720 - 60 =$ ⬚

b) $850 - 70 =$ ⬚
⬚ $-$ ⬚ $=$ ⬚
$930 - 80 =$ ⬚
⬚ $-$ ⬚ $=$ ⬚
$560 - 90 =$ ⬚
⬚ $-$ ⬚ $=$ ⬚

c) ⬚ $-$ ⬚ $=$ ⬚
⬚ $-$ ⬚ $=$ ⬚
⬚ $-$ ⬚ $=$ ⬚
⬚ $-$ ⬚ $=$ ⬚
⬚ $-$ ⬚ $=$ ⬚

d) Überlege, warum die Aufgabenpaare immer das gleiche Ergebnis haben.

Addition und Subtraktion im Zahlenraum bis 1000

Addition und Subtraktion im Zahlenraum bis 1000

Minusaufgaben mit dem eigenen Rechenweg in zwei Schritten lösen

1 Löse die verwandten Aufgaben. Trage die Ergebnisse ein.

a)

− 50	
120	70
520	470
526	
726	
826	

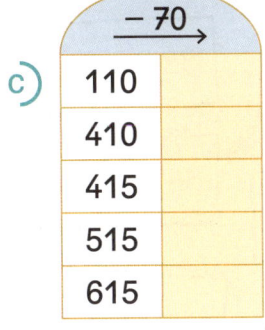

b)

− 80	
140	
740	
743	
843	
943	

c)

− 70	
110	
410	
415	
515	
615	

d)

− 60	
120	
820	
829	
929	
629	

2 Löse die Aufgaben. Notiere deine Rechenschritte.

a) am Rechenstrich

728 − 350 = ☐

╊─────────────────────────────┼
                             728

847 − 580 = ☐

╊─────────────────────────────┼
                             847

685 − 390 = ☐

╊─────────────────────────────┼
                             685

b) als Rechnung

568 − 370 = ☐
568 − ☐ = ☐
☐ − ☐ = ☐

963 − 480 = ☐
963 − ☐ = ☐
☐ − ☐ = ☐

423 − 270 = ☐
423 − ☐ = ☐
☐ − ☐ = ☐

3 Ergänze die Rechenmauern. Rechne in zwei Schritten im Kopf.

a) 568 / 320 / 150

b) 712 / 340 / 260

c) 859 / 420 / 250

Plusaufgaben mit Einern üben

1 Umkreise alle verwandten Aufgaben jeweils mit der gleichen Farbe.
Trage dann die Ergebnisse ein.

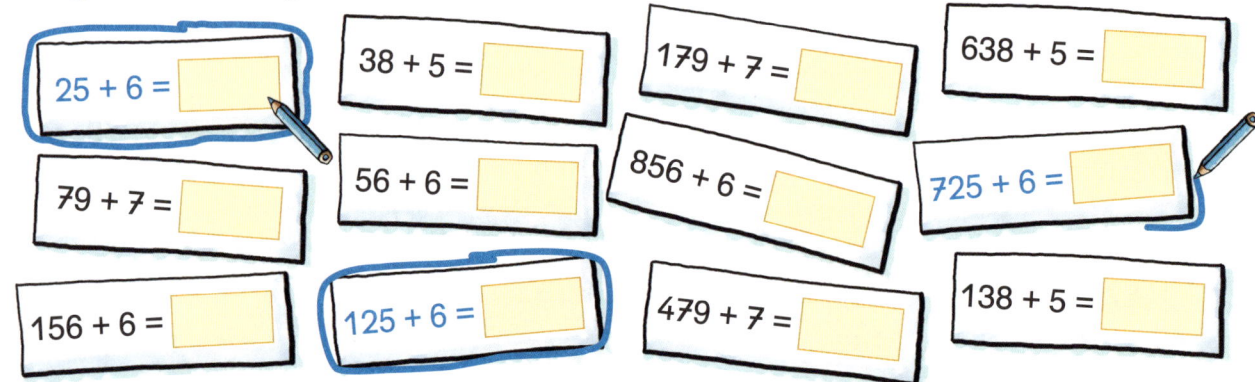

25 + 6 =

38 + 5 =

179 + 7 =

638 + 5 =

79 + 7 =

56 + 6 =

856 + 6 =

725 + 6 =

156 + 6 =

125 + 6 =

479 + 7 =

138 + 5 =

2 Löse die Aufgaben. Kontrolliere selbst.
Alle Ergebniszahlen findest du neben den Aufgaben.

a) 257 + 6 = 263
738 + 7 =
356 + 8 =
469 + 4 =
395 + 7 =

b) 497 + 5 =
936 + 8 =
245 + 7 =
148 + 9 =
334 + 6 =

c) 564 + 8 =
399 + 6 =
777 + 7 =
495 + 8 =
678 + 5 =

252	402	157
405	683	745
502	784	503
364	944	340
473	263	572

3 Löse die Aufgaben. Kontrolliere selbst mit Hilfe der Kontrollzahl im Stern.

a) 186 + 7 = 193 ⭐ 13
217 + 6 = ⭐ 7
256 + 5 = ⭐ 9
974 + 7 = ⭐ 18
593 + 8 = ⭐ 7

Ergebnis: 193
Kontrollzahl: 1 + 9 + 3 = 13
Richtig gerechnet!

b) 328 + 5 = ⭐ 9
893 + 8 = ⭐ 10
247 + 4 = ⭐ 8
499 + 5 = ⭐ 9
764 + 8 = ⭐ 16

c) 167 + 6 = ⭐ 11
634 + 9 = ⭐ 13
613 + 9 = ⭐ 10
478 + 6 = ⭐ 16
705 + 7 = ⭐ 10

d) 792 + 9 = ⭐ 9
988 + 7 = ⭐ 23
598 + 6 = ⭐ 10
823 + 9 = ⭐ 13
296 + 8 = ⭐ 7

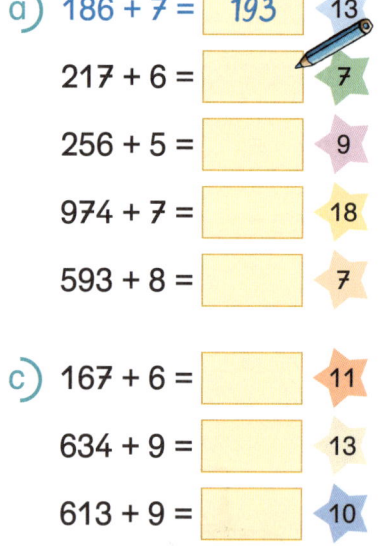

Addition und Subtraktion im Zahlenraum bis 1000

Plusaufgaben in drei Schritten lösen

1 Notiere deine drei Rechenschritte auf verschiedene Weise.

$$268 + 356 = \boxed{}$$

a) am Rechenstrich

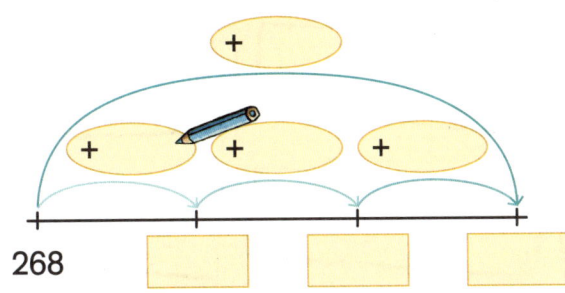

268

b) im Pfeilbild

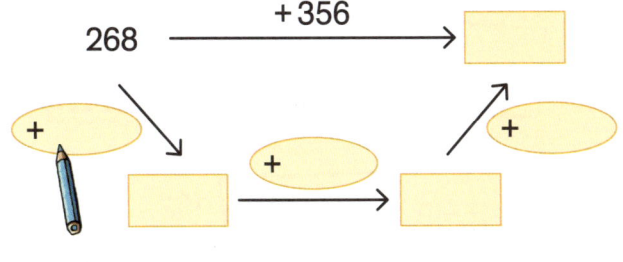

268 $\xrightarrow{\ +356\ }$

c) als drei Rechenaufgaben

268 + 356 =

268 + ☐ = ☐

☐ + ☐ = ☐

☐ + ☐ = ☐

d) als Zerlegungsaufgabe

268 + ☐ + ☐ + ☐ = ☐

2 Löse die Teilschritte. Fasse dann die dargestellten Rechenschritte in einer Rechenaufgabe zusammen. Bestimme das Ergebnis.

a) 329 + 300 + 60 + 5 = ☐

329 + ☐ = ☐

b)
$$\overset{+200}{\frown}\ \overset{+80}{\frown}\ \overset{+3}{\frown}$$

549

☐ + ☐ = ☐

c) 397

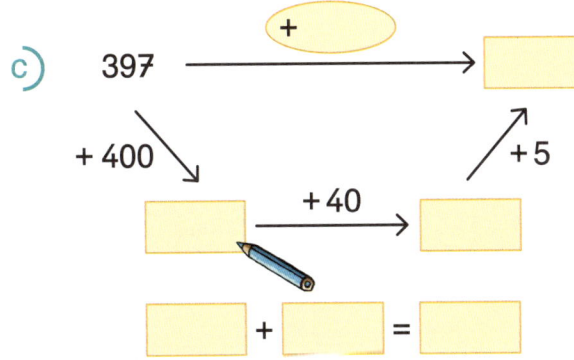

+ 400

+ 40

+ 5

☐ + ☐ = ☐

d) 374 + ☐ = ☐

374 + 100 = ☐

☐ + 60 = ☐

☐ + 8 = ☐

☐ + ☐ = ☐

Verwandte Minusaufgaben mit Einern rechnen

1 Umkreise alle verwandten Aufgaben jeweils mit der gleichen Farbe.
Trage dann die Ergebnisse ein.

$19 - 7 =$ ⬜

$743 - 9 =$ ⬜

$243 - 9 =$ ⬜

$119 - 7 =$ ⬜

$63 - 5 =$ ⬜

$819 - 7 =$ ⬜

$663 - 5 =$ ⬜

$163 - 5 =$ ⬜

$143 - 9 =$ ⬜

$463 - 5 =$ ⬜

$419 - 7 =$ ⬜

$43 - 9 =$ ⬜

2 Finde immer zuerst die „einfache" verwandte Aufgabe.
Trage dann beide Ergebnisse ein.

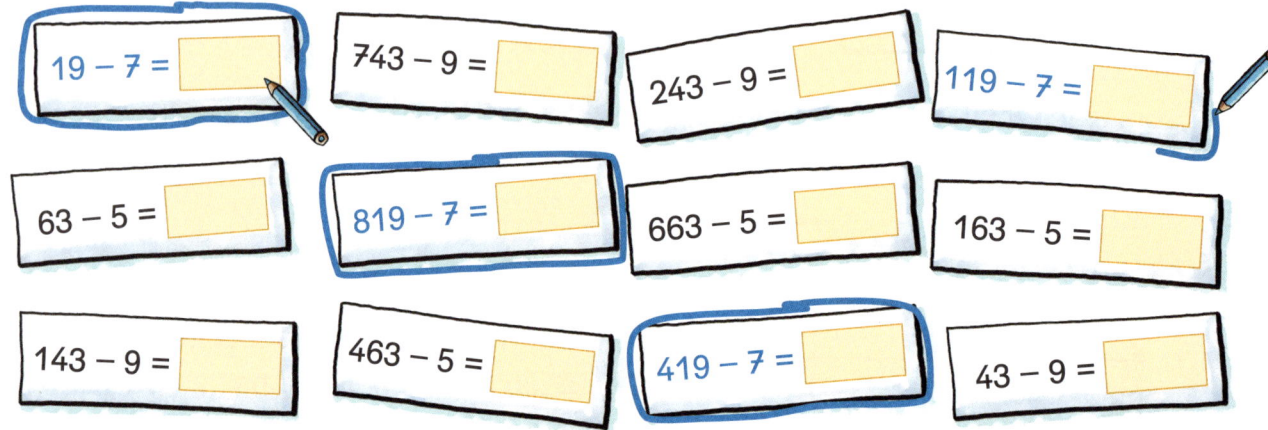

$90 - 9 = \quad 81$			
$690 - 9 = \boxed{681}$	$430 - 7 =$ ⬜	$270 - 6 =$ ⬜	$710 - 9 =$ ⬜
$882 - 2 =$ ⬜	$246 - 8 =$ ⬜	$373 - 6 =$ ⬜	$811 - 5 =$ ⬜
$783 - 7 =$ ⬜	$902 - 9 =$ ⬜	$854 - 6 =$ ⬜	$345 - 7 =$ ⬜
$404 - 5 =$ ⬜	$876 - 7 =$ ⬜	$302 - 7 =$ ⬜	$491 - 2 =$ ⬜
$503 - 5 =$ ⬜	$987 - 8 =$ ⬜	$726 - 8 =$ ⬜	$705 - 7 =$ ⬜

3 Finde selbst jeweils zwei passende „große" verwandte Aufgaben und löse sie.

$38 - 9 = \boxed{29}$	$43 - 5 =$ ⬜	$74 - 6 =$ ⬜	$92 - 7 =$ ⬜
$338 - 9 = 329$			

Minusaufgaben in drei Schritten lösen

1 Notiere deine drei Rechenschritte auf verschiedene Weise.

745 − 268 = ☐

a) am Rechenstrich

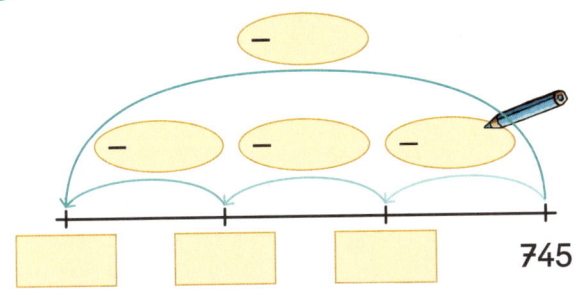

b) im Pfeilbild

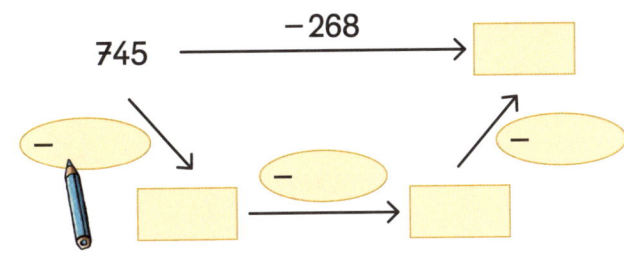

c) als drei Rechenaufgaben

745 − 268 = ☐
745 − ☐ = ☐
☐ − ☐ = ☐
☐ − ☐ = ☐

d) als Zerlegungsaufgabe

745 − ☐ − ☐ − ☐ = ☐

2 Löse die Teilschritte. Fasse dann die dargestellten Rechenschritte in einer Rechenaufgabe zusammen. Bestimme das Ergebnis.

a)
674 − ☐ = ☐
674 − 200 = ☐
☐ − 40 = ☐
☐ − 8 = ☐
☐ − ☐ = ☐

b)

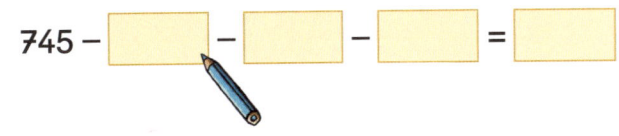

923 → ☐
−500
−60
−6
☐ − ☐ = ☐

c) 825 − 500 − 40 − 7 = ☐

☐ − ☐ = ☐

d)
−8   −50   −300

☐   ☐   ☐   736

☐ − ☐ = ☐

Figuren mit gleichem Flächeninhalt erkennen und zeichnen

1 Male Figuren mit gleich großem Flächeninhalt in der gleichen Farbe aus.

2 Ergänze jeweils drei weitere Figuren mit dem gleich großen Flächeninhalt.

a)

b)

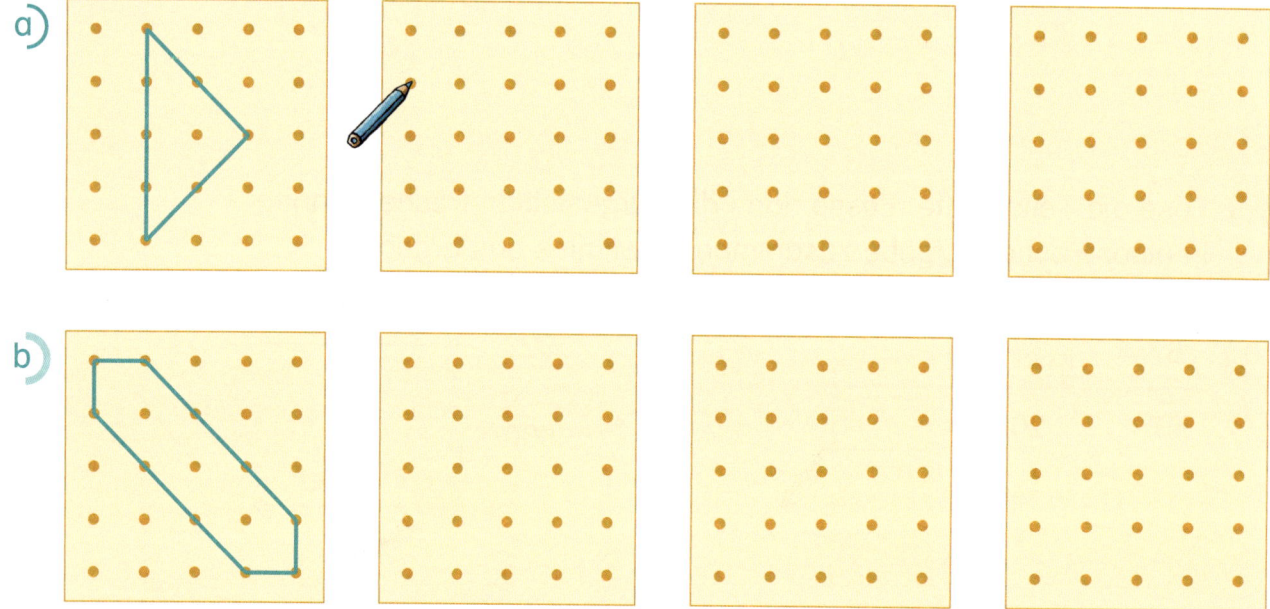

3 Zeichne verschiedene Quadrate ein.
Es gibt Quadrate mit gleich großen und unterschiedlich großen Flächen.

Umkreise die Quadrate mit gleich großen Flächen jeweils in der gleichen Farbe.

Ornamente fortsetzen

1 Setze die Flächenmuster nach allen Seiten fort.
Du kannst die fertigen Muster anmalen.

Fische!

In der Stellentafel addieren

1 Berechne.

a)
H	Z	E
4	2	3
+ 2	6	5
		8

b)
H	Z	E
3	1	7
+ 4	5	2

c)
H	Z	E
7	4	4
+	5	3

d)
H	Z	E
5	3	8
+ 3	6	0

e)
H	Z	E
2	6	4
+ 5	3	3
+ 1	0	2

f)
H	Z	E
7	0	4
+ 1	8	3
+	1	2

g)
H	Z	E
4	6	3
+ 1	2	4
+ 1	1	1

h)
H	Z	E
1	5	3
+		1	4
+ 8	3	2

2 Übertrage in die Stellentafeln und berechne.

a) 413 + 274

H	Z	E
4	1	3
+ 2	7	4

b) 734 + 255

H	Z	E
+		

c) 641 + 138

H	Z	E
+		

d) 74 + 925

H	Z	E
+		

e) 333 + 65

H	Z	E
+		

f) 58 + 541

H	Z	E
+		

g) 713 + 176

H	Z	E
+		

h) 95 + 404

H	Z	E
+		

3 Trage passende Zahlen ein.

a)
H	Z	E
+		
5	7	9

b)
H	Z	E
+		
8	8	8

c)
H	Z	E
+		
9	3	6

d)
H	Z	E
+		
7	0	7

In der Stellentafel mit einer Übertragszahl addieren

1 Berechne. Denke an die Übertragszahl.

a)
H	Z	E
6	5	2
+ 2	3	9
		1

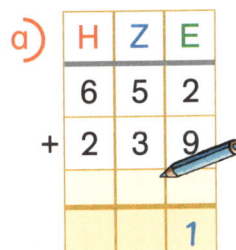

b)
H	Z	E
4	6	8
+ 3	1	7

c)
H	Z	E
2	1	6
+ 3	5	4

d)
H	Z	E
3	0	7
+ 5	6	5

e)
H	Z	E
2	6	6
+ 4	8	2

f)
H	Z	E
5	2	7
+ 2	9	2

g)
H	Z	E
3	2	5
+ 4	9	1

h)
H	Z	E
2	7	0
+ 6	6	6

2 Übertrage in die Stellentafeln und berechne.

a) 472 + 377

H	Z	E
4	7	2
+		

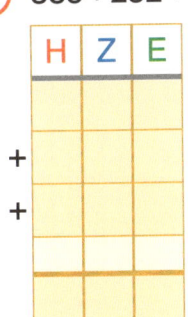

b) 31 + 649

H	Z	E
+		

c) 309 + 565

H	Z	E
+		

d) 285 + 362

H	Z	E
+		

e) 385 + 232 + 321

H	Z	E
+		
+		

f) 416 + 246 + 132

H	Z	E
+		
+		

g) 223 + 309 + 132

H	Z	E
+		
+		

h) 292 + 61 + 424

H	Z	E
+		
+		

3 Setze die fehlenden Ziffern ein.

a)
H	Z	E
6		4
+	7	3
9	2	

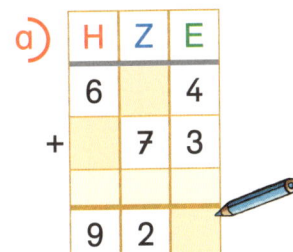

b)
H	Z	E
6		7
+ 2	3	
	6	5

c)
H	Z	E
2	3	
+ 6		7
	6	1

d)
H	Z	E
	8	7
+ 4	7	
9		9

In der Stellentafel mit zwei Übertragszahlen addieren

1 Berechne. Denke an die Übertragszahl.

a)

H	Z	E
5	6	4
+ 3	7	8
		2

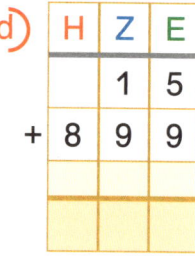

b)

H	Z	E
3	7	2
+ 2	5	8

c)

H	Z	E
4	7	7
+	9	8

d)

H	Z	E
	1	5
+ 8	9	9

e)

H	Z	E
3	5	4
+ 2	6	7

f)

H	Z	E
1	9	9
+ 5	5	5

g)

H	Z	E
4	4	4
+	9	9

h)

H	Z	E
1	9	9
+ 6	8	9

i)

H	Z	E
3	1	5
+ 4	6	6
+ 1	7	8

k)

H	Z	E
5	7	8
+	9	2
+ 1	0	9

l)

H	Z	E
3	6	8
+ 2	4	5
+ 3	6	1

m)

H	Z	E
1	6	9
+		8
+ 3	8	1

2 Übertrage in die Stellentafeln und berechne.

a) 568 + 257 + 133

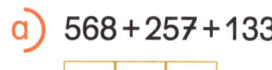

H	Z	E
5	6	8
+		
+		

b) 465 + 9 + 372

H	Z	E
+		
+		

c) 187 + 513 + 51

H	Z	E
+		
+		

d) 273 + 67 + 359

H	Z	E
+		
+		

3 Trage passende Zahlen ein, so dass du folgende Überträge und Ergebnisse erhältst.

a)

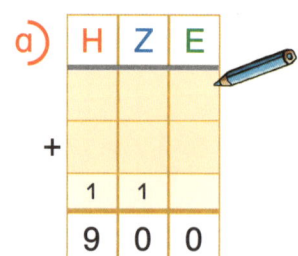

H	Z	E
+		
1	1	
9	0	0

b)

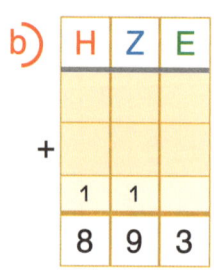

H	Z	E
+		
1	1	
8	9	3

c)

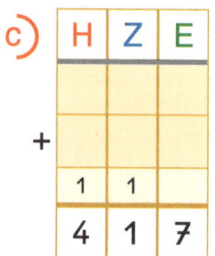

H	Z	E
+		
1	1	
4	1	7

d)

H	Z	E
+		
1	1	
4	3	5

Schriftliches Addieren üben

1 Rechne.
Male die Felder mit den Ergebniszahlen im Bild unten aus.

a)
```
  3 1 8        2 1 8        3 9 6        2 8 9        1 8 8
+ 1 2 8      + 1 7 8      + 1 6 3      + 3 1 3      + 1 6 2
    1
  4 4 6
```

b)
```
  6 2 6        3 0 9        4 8 6        1 8 9        1 9 6
+ 2 3 8      + 1 2 9      + 2 4 2      + 1 5 3      + 2 9 2
```

c)
```
  2 9 7        2 3 6        1 4 9        2 3 2        1 8 9
+ 2 7 2      + 2 3 2      + 2 5 9      + 1 8 7      + 1 6 7
```

d)
```
  3 5 4        4 5 5        2 7 9        3 4 9        3 9 3
+ 1 8 2      + 4 9 4      + 2 6 9      + 1 7 9      + 1 8 7
+ 3 8 3      +   5 1      + 3 0 4      + 1 7 2      + 1 3 0
```

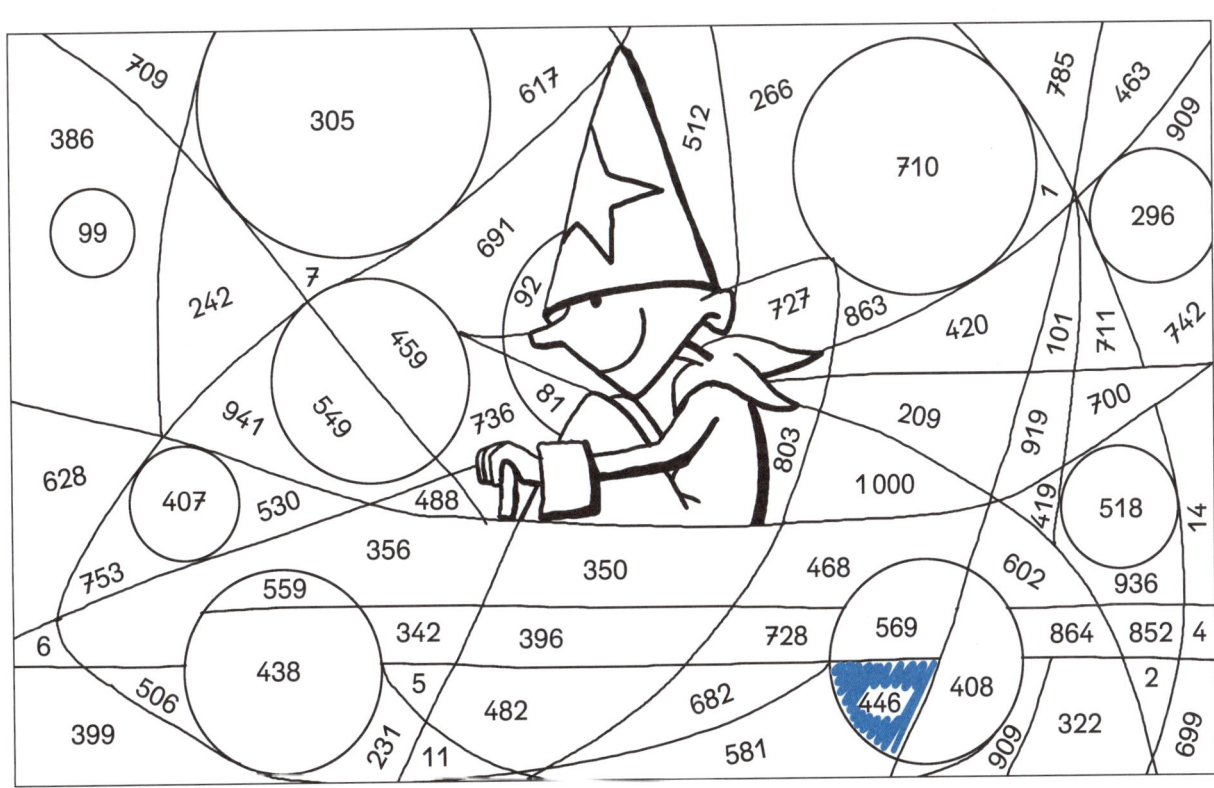

1 Trage die Ziffern 1, 2, 3, 4, 5, 6 in die gelben Kästchen so ein, dass du …

a) … vier unterschiedliche Additionsaufgaben erhältst.
Verwende bei jeder Aufgabe jede der Ziffern nur einmal. Rechne.

b) … die Aufgabe mit dem größtmöglichen
und dem kleinstmöglichen Ergebnis erhältst.
Verwende bei jeder Aufgabe jede der Ziffern nur einmal.

2 Finde für die Kästchen passende Ziffern und trage sie ein.
Beachte: Innerhalb einer Aufgabe soll eine Ziffer jeweils
nur einmal benutzt werden.

a)

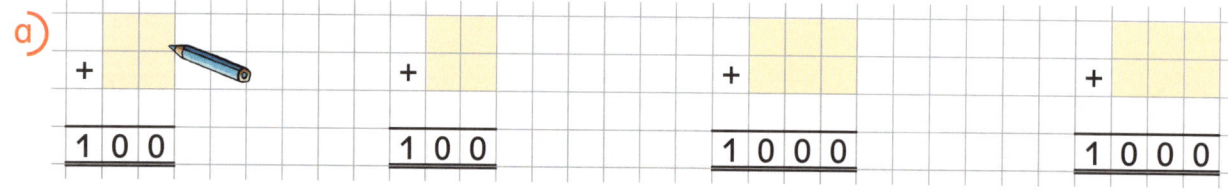

b)

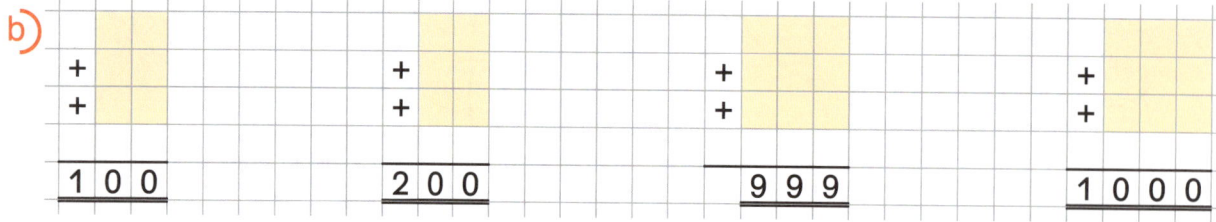

3 Trage in die Kästchen passende Zahlen ein.

Rechenmauern ergänzen und erstellen

1 Ergänze die Rechenmauern. Addiere schriftlich wenn nötig.

a)

b)

2

Die untere Reihe heißt auch Grundmauer.

a) Berechne die fehlenden Zahlen.

b) Begründe, weshalb sich die beiden obersten Zahlen unterscheiden, obwohl die Zahlen in den Grundmauern gleich sind.

_____

_____

_____

3 Trage die Zahlen 98, 87, 105 und 123 in die Grundmauern ein.
bei a) so, dass die oberste Zahl möglichst groß wird
bei b) so, dass die oberste Zahl möglichst klein wird

a)

b)

1 Besucher im Freibad

	Mo.	Di.	Mi.	Do.	Fr.	Sa.	So.
Erwachsene	87	53	38	67	107	215	268
Kinder bis 6 Jahre	54	14	5	21	84	95	119
Kinder über 6 Jahre	134	65	27	112	268	307	324

a) Ergänze die Aussagen. Entnimm die notwendigen Informationen aus der Tabelle.

Das Freibad hatte am Montag insgesamt _____ Besucher.

Am Sonntag waren es _____ Besucher.

Am Wochenende waren _____ Erwachsene im Freibad.

Die Personengruppe _____ besuchte das Freibad
während der Woche besonders oft.

b) Ich vermute, dass in der Woche folgendes Wetter war:

_____

_____

2

Erstelle eine Tabelle mit den Informationen aus dem Interview.

Besucher	Fr.		
Vormittag			
Nachmittag			
Gesamt			

Uhrzeiten ablesen

1 Gib beide Uhrzeiten sekundengenau an.

7.10 Uhr und 25 Sek.

19.10 Uhr und 25 Sek.

2 Lies die zur Tageszeit passende Uhrzeit sekundengenau ab.

Nachmittag   Abend   Nacht

17.15 Uhr und 40 Sek.

Morgen   Nachmittag   Abend

Uhrzeiten einzeichnen

1 Zeichne den Sekundenzeiger in Rot ein.

14.30 Uhr und
20 Sekunden

6.25 Uhr und
48 Sekunden

20.12 Uhr und
37 Sekunden

15.42 Uhr und
9 Sekunden

7.58 Uhr und
24 Sekunden

17.53 Uhr und
28 Sekunden

2 Zeichne den Stunden-, Minuten- und Sekundenzeiger ein.

8.25 Uhr und
50 Sekunden

10.27 Uhr und
42 Sekunden

13.24 Uhr und
55 Sekunden

21.12 Uhr und
35 Sekunden

7.05 Uhr und
27 Sekunden

11.24 Uhr und
53 Sekunden

Zur nächsten Stunde oder Minute ergänzen

1 Lies an der Uhr ab und trage im Pfeilbild ein.

a) die Minuten bis zur nächsten vollen Stunde

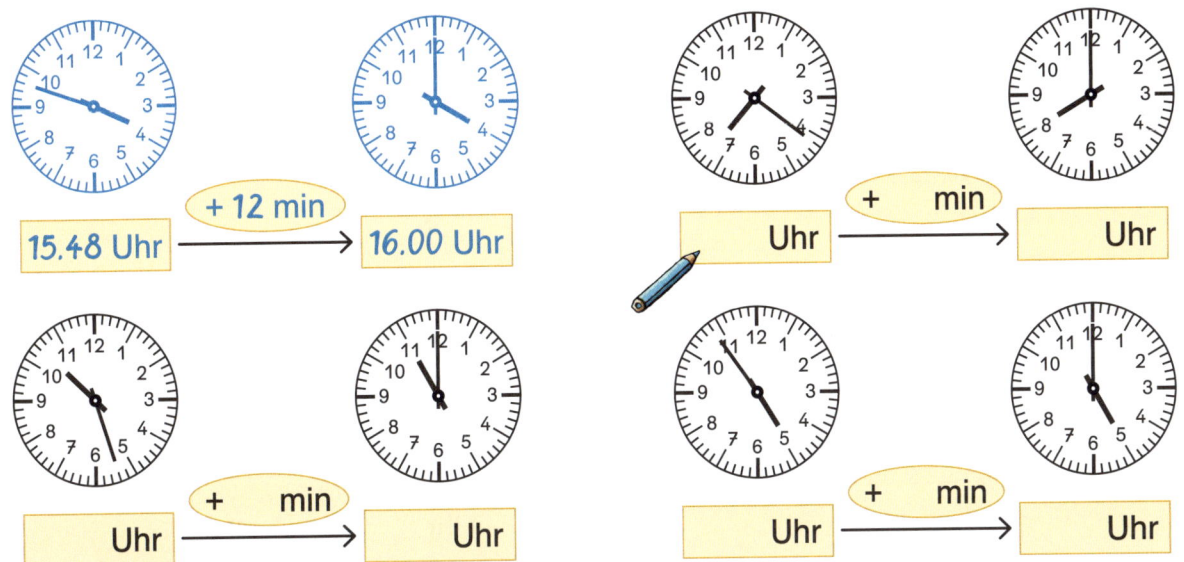

15.48 Uhr ——— **+ 12 min** ———→ 16.00 Uhr

Uhr ——— **+   min** ———→ Uhr

Uhr ——— **+   min** ———→ Uhr

Uhr ——— **+   min** ———→ Uhr

b) die Sekunden bis zur nächsten vollen Minute

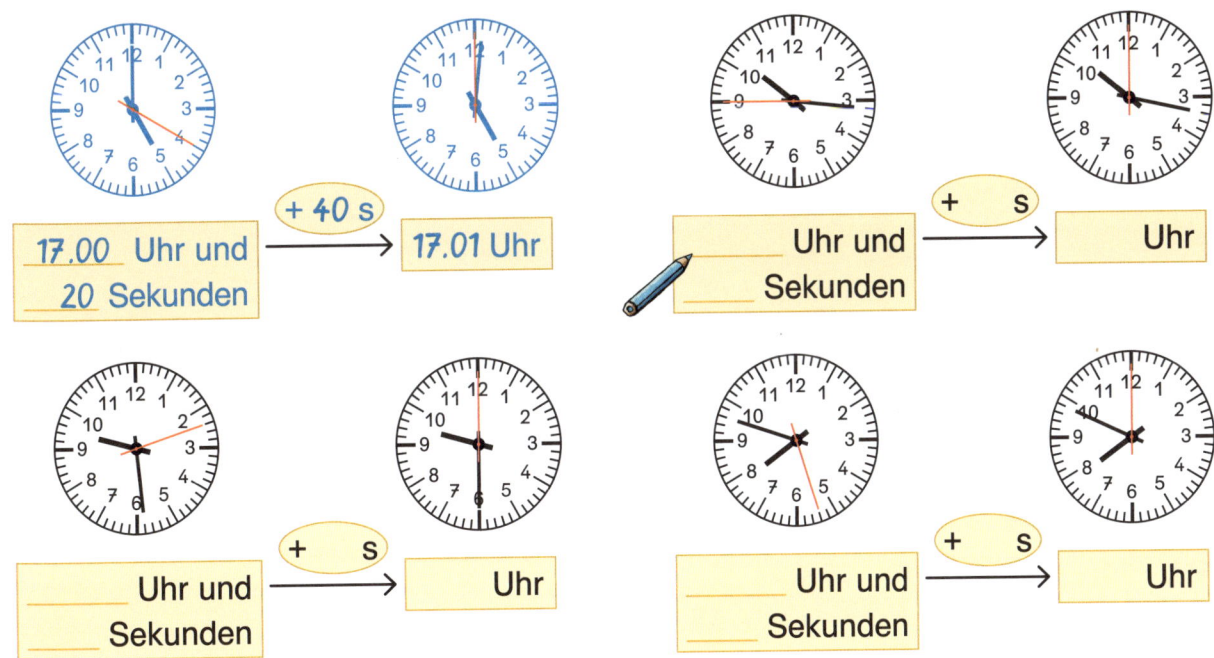

17.00 Uhr und 20 Sekunden ——— **+ 40 s** ———→ 17.01 Uhr

____ Uhr und ____ Sekunden ——— **+   s** ———→ Uhr

____ Uhr und ____ Sekunden ——— **+   s** ———→ Uhr

____ Uhr und ____ Sekunden ——— **+   s** ———→ Uhr

2 Trage ein.

a)

7.20 Uhr ——— **+   min** ———→ 8.00 Uhr

6.14 Uhr ——— **+   min** ———→ 7.00 Uhr

15.38 Uhr ——— **+   min** ———→ 16.00 Uhr

b)

13.48 Uhr und 10 Sek. ——— **+   s** ———→ 13.49 Uhr

9.35 Uhr und 52 Sek. ——— **+   s** ———→ 9.36 Uhr

10.55 Uhr und 42 Sek. ——— **+   s** ———→ 10.56 Uhr

1 Ergänze die Skizzen und berechne, wie viel Zeit vergangen ist. Trage im Pfeilbild ein.

a)

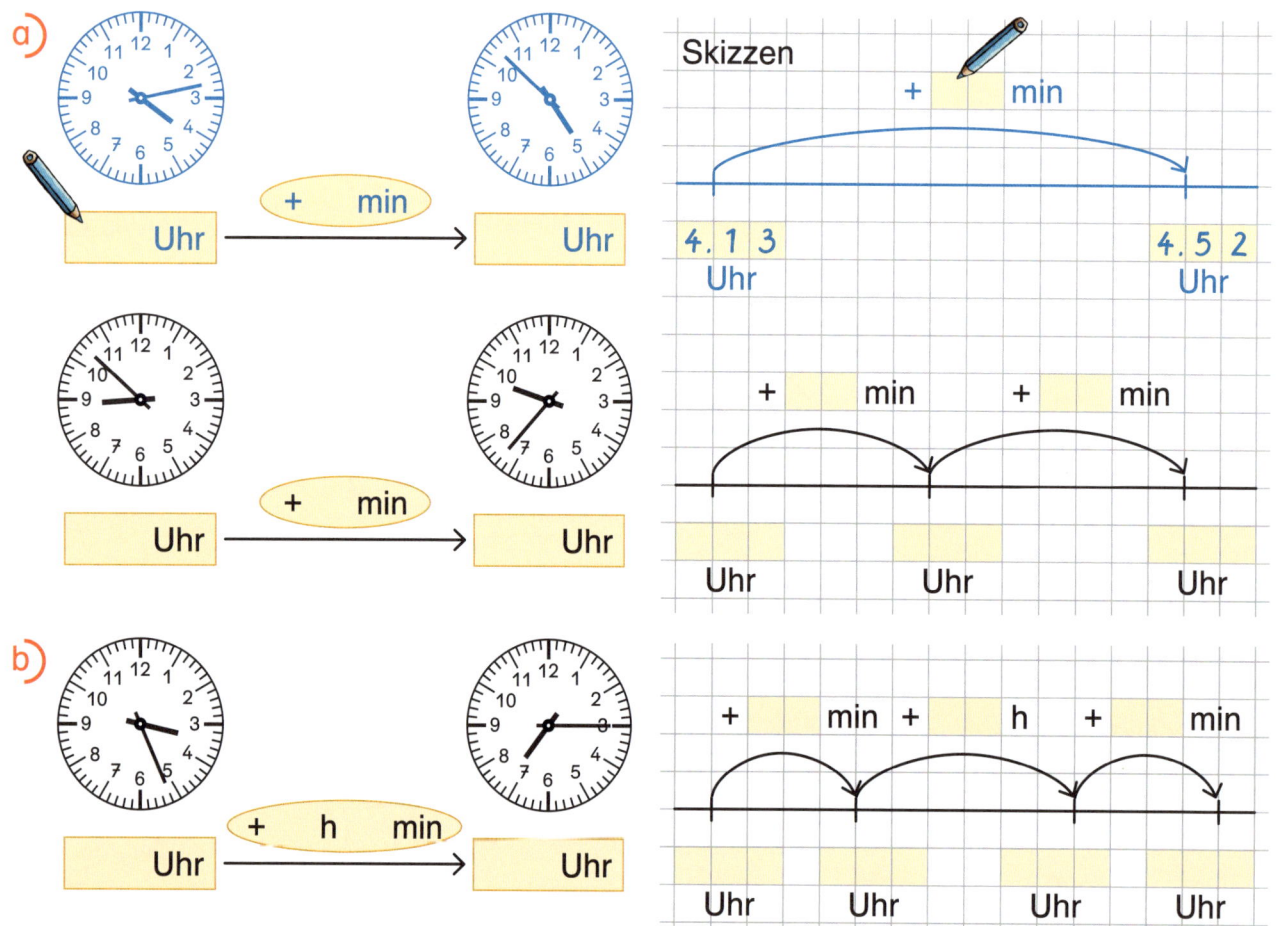

Skizzen

+ ___ min

4.13 Uhr ⟶ 4.52 Uhr

Uhr ⟶ (+ ___ min) ⟶ Uhr

+ ___ min   + ___ min

___ Uhr   ___ Uhr   ___ Uhr

b)

Uhr ⟶ (+ ___ h ___ min) ⟶ Uhr

+ ___ min + ___ h + ___ min

___ Uhr   ___ Uhr   ___ Uhr   ___ Uhr

2 Wie lange dauern die Fahrten mit dem Auto und dem Zug? Zeichne Skizzen, ergänze die Pfeilbilder.

a) Auto: 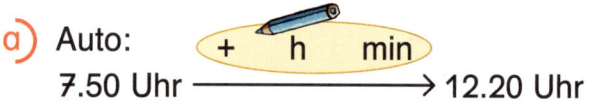 (+ ___ h ___ min)
7.50 Uhr ⟶ 12.20 Uhr

b) Zug: (+ ___ h ___ min)
9.32 Uhr ⟶ 14.18 Uhr

3 Das Fußballspiel wird um 14.20 Uhr angepfiffen. Der Pausenpfiff erfolgt um 15.07 Uhr. Nach 20 Minuten Pause beginnt die 2. Halbzeit. Sie dauert 45 Minuten. Wann ist das Spiel zu Ende?

Zeitdauer mit Hilfe von Pfeilbildern bestimmen

1 Bestimme jeweils die Zeitdauer. Zeichne ein Pfeilbild.
Schreibe die berechnete Zeitdauer auch in Wochen und Tagen auf.

a) 18.1. bis 12.3.

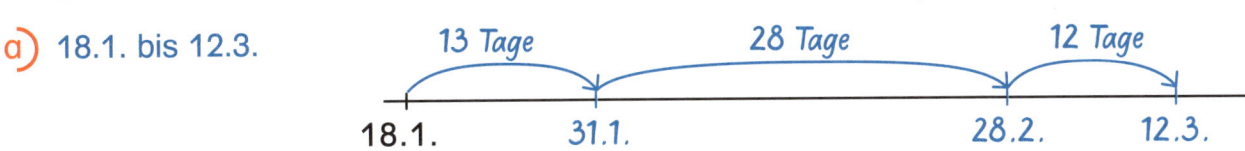

53 Tage, das sind 7 Wochen und 4 Tage.

b) 22.4. bis 18.6.

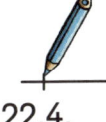

22.4.

c) 17.3. bis 22.5.

17.3.

d) 23.11. bis 8.3.

23.11.

2 Bestimme genauso.

a) von heute bis Heiligabend

24.12.

b) von heute bis zu deinem Geburtstag

3 Zeichne die Skizzen auf ein Blatt und bestimme auf die gleiche Weise.

a) dein Alter in Monaten

b) deine bisherige Schulzeit (mit Ferien) in Wochen

Tag

Sonnenaufgang (SA) und Sonnenuntergang (SU) in Oslo (Norwegen)

Tag	SA	SU	Tag	SA	SU
21. Januar	8.56 Uhr	16.00 Uhr	21. Juli	4.32 Uhr	22.12 Uhr
21. Februar	7.42 Uhr	17.20 Uhr	21. August	5.45 Uhr	20.54 Uhr
21. März	6.17 Uhr	18.33 Uhr	21. September	6.57 Uhr	19.21 Uhr
21. April	5.44 Uhr	20.48 Uhr	21. Oktober	8.09 Uhr	17.52 Uhr
21. Mai	4.27 Uhr	22.00 Uhr	21. November	8.27 Uhr	15.36 Uhr
21. Juni	3.53 Uhr	22.43 Uhr	21. Dezember	9.17 Uhr	15.11 Uhr

1 Ergänze die Aussagen für Oslo.

a) Die Sonne geht am _____ am frühesten auf.

b) Am _____ geht sie am spätesten auf.

c) Die Sonne geht am _____ am frühesten unter.

d) Am _____ geht sie am spätesten unter.

e) Der längste Tag ist der _____ .

f) Der kürzeste Tag ist der _____ .

2 Berechne für die angegebenen Tage die Tageslänge und zeichne sie als Balken ein.

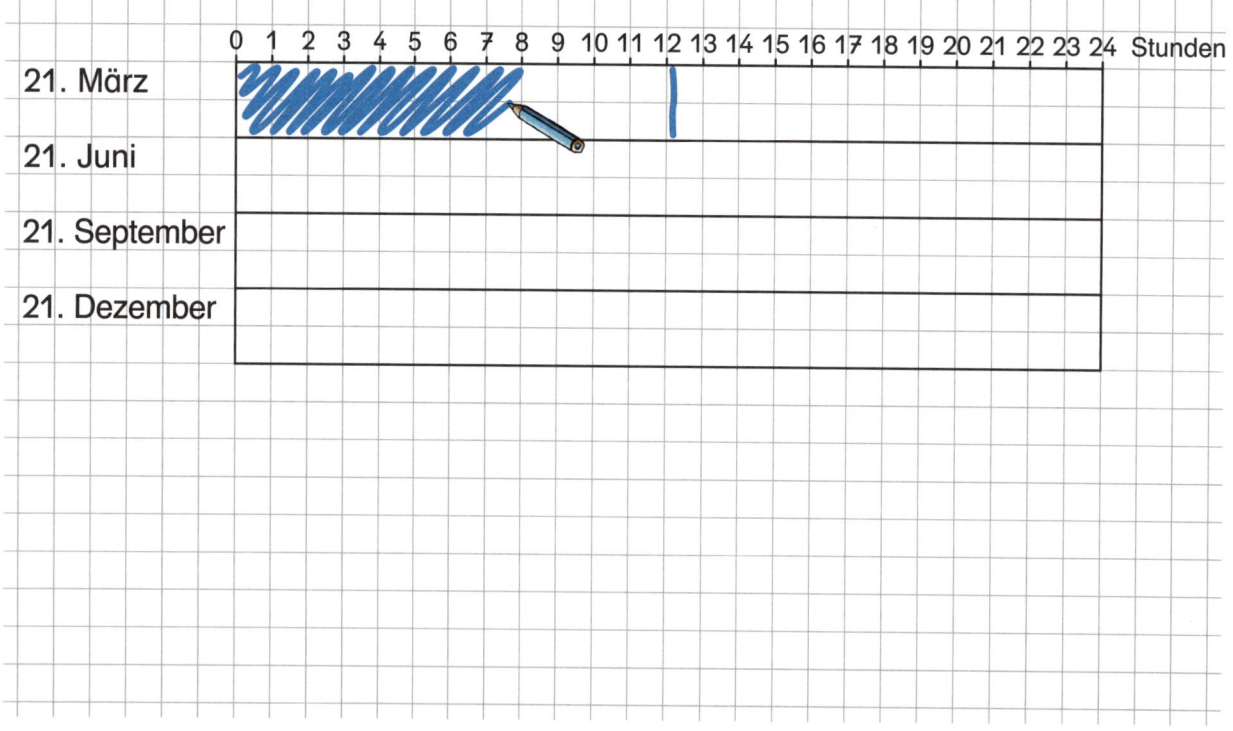

Zeiten im eigenen Wochenplan notieren

Mein Wochenplan in der Woche vom

Trage deine Zeiten ein und berechne die jeweilige Dauer in Minuten oder Stunden und Minuten.

Die Zeiten kannst du so eintragen: 7.05 Uhr, die Dauer so: 4 h 15 min.

Vergleiche deine Eintragungen mit denen eines anderen Kindes. Wählt dazu zusammen einen Bereich aus und stellt eure Ergebnisse in einem Schaubild dar.

	Schule			Hausaufgaben			Spielen			Fernsehen			Schlafen		
	von	bis	Dauer	von	bis	Dauer	von	bis	Dauer	von	bis	Dauer	von	bis	Dauer
Montag															
Dienstag															
Mittwoch															
Donnerstag															
Freitag															
Samstag															
Sonntag															
Dauer insgesamt															

Minusaufgaben in Rechenbildern und in der Stellentafel darstellen

Abziehen

1 Zeichne das Rechenbild, trage in die Stellentafel ein und berechne.

a) 367 – 254 = | 113 |

Hunderter	Zehner	Einer
▢ ⌀ ⌀	IIIII I	• • • • ⸗ ⸗

	H	Z	E
	3	6	7
–	2	5	4
	1	1	3

Beginne immer mit den Einern.

b) 658 – 336 = | |

Hunderter	Zehner	Einer

	H	Z	E
–			

c) 974 – 651 = | |

Hunderter	Zehner	Einer

	H	Z	E
–			

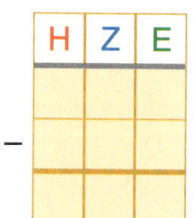

d) 455 – 233 = | |

Hunderter	Zehner	Einer

	H	Z	E
–			

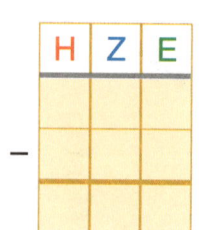

e) 587 – 254 = | |

Hunderter	Zehner	Einer

	H	Z	E
–			

Rechenbilder zeichnen – Zehner tauschen und abziehen

1 Zeichne das Rechenbild. Kennzeichne mit Rot, wie du tauschst.
Übertrage in die Stellentafel. Beginne immer mit den Einern.

a) 452 − 238 = 214

Hunderter	Zehner	Einer
□□▨▨	⦀⦀⦀	•• ••///// /////

H	Z	E
	4	12
4	5̸	2̸
− 2	3	8
2	1	4

b) 673 − 445 =

Hunderter	Zehner	Einer

H	Z	E
−		

c) 367 − 249 =

Hunderter	Zehner	Einer

H	Z	E
−		

d) 584 − 336 =

Hunderter	Zehner	Einer

H	Z	E
−		

e) 752 − 425 =

Hunderter	Zehner	Einer

H	Z	E
−		

Rechenbilder zeichnen – Hunderter tauschen und abziehen

Abziehen

1 Zeichne das Rechenbild. Kennzeichne mit Rot, wie du tauschst.
Übertrage in die Stellentafel. Beginne immer mit den Einern.

a) 437 – 256 = 181

Hunderter	Zehner	Einer

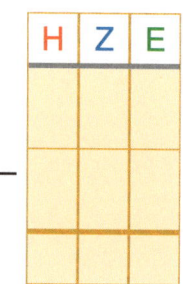

	H	Z	E
	3	13	
	4̶	3̶	7
–	2	5	6
	1	8	1

b) 625 – 374 =

Hunderter	Zehner	Einer

	H	Z	E
–			

c) 518 – 285 =

Hunderter	Zehner	Einer

	H	Z	E
–			

d) 926 – 564 =

Hunderter	Zehner	Einer

	H	Z	E
–			

e) 748 – 465 =

Hunderter	Zehner	Einer

	H	Z	E
–			

Schreib- und Sprechweise beim Abziehverfahren üben

1 Übertrage in die Stellentafeln und berechne durch Abziehen.
Sprich zu den einzelnen Rechenschritten.

a) 462 − 237

H	Z	E
	5	12
4	6̸	2̸
− 2	3	7
2	2	5

b) 374 − 228

H	Z	E
−		

c) 953 − 37

H	Z	E
−		

d) 582 − 248

H	Z	E
−		

e) 752 − 419

H	Z	E
−		

f) 291 − 108

H	Z	E
−		

g) 641 − 229

H	Z	E
−		

h) 864 − 548

H	Z	E
−		

i) 617 − 384

H	Z	E
5	11	
6̸	1̸	7
− 3	8	4
2	3	3

k) 429 − 187

H	Z	E
−		

l) 835 − 84

H	Z	E
−		

m) 548 − 390

H	Z	E
−		

n) 357 − 76

H	Z	E
−		

o) 769 − 482

H	Z	E
−		

p) 917 − 660

H	Z	E
−		

r) 274 − 191

H	Z	E
−		

Abziehen

1 Übertrage in die Stellentafeln und bestimme die Ergebnisse durch Abziehen.
Rechne wie im Beispiel. Sprich zu den einzelnen Rechenschritten.

a) 452 − 287

H	Z	E
3	₄̶⁴	₅̶² ₁₂
̶4̶	̶5̶	̶2̶
− 2	8	7
1	6	5

Beachte den mehrfachen Stellenübergang.

b) 824 − 565

H	Z	E
−		

c) 563 − 387

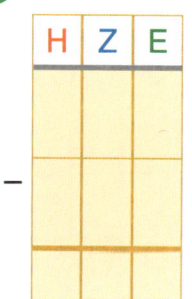

H	Z	E
−		

d) 372 − 185

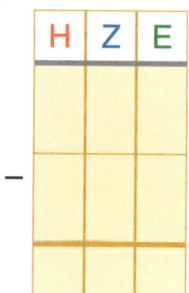

H	Z	E
−		

e) 613 − 278

H	Z	E
−		

f) 954 − 665

H	Z	E
−		

g) 831 − 572

H	Z	E
−		

h) 742 − 285

H	Z	E
−		

i) 654 − 466

H	Z	E
−		

k) 845 − 458

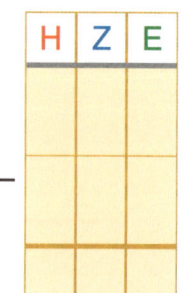

H	Z	E
−		

l) 333 − 187

H	Z	E
−		

m) 536 − 488

H	Z	E
−		

n) 735 − 596

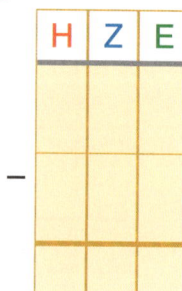

H	Z	E
−		

Die Differenz berechnen – Ergänzen

 Ergänzen

1 Übertrage in die Stellentafeln und berechne durch Ergänzen.
Beginne immer mit den Einern.

a) 567 – 354

H	Z	E
5	6	7
– 3	5	4
2	1	3

b) 349 – 125

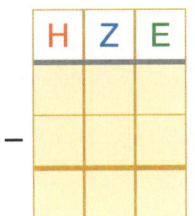

c) 967 – 642

H	Z	E
–		

d) 884 – 542

H	Z	E
–		

e) 459 – 42

H	Z	E
–		

f) 697 – 546

H	Z	E
–		

g) 759 – 432

H	Z	E
–		

h) 584 – 253

H	Z	E
–		

i) 276 – 155

H	Z	E
–		

k) 459 – 307

H	Z	E
–		

l) 588 – 308

H	Z	E
–		

m) 984 – 703

H	Z	E
–		

n) 867 – 46

H	Z	E
–		

o) 754 – 530

H	Z	E
–		

p) 697 – 74

H	Z	E
–		

r) 459 – 359

H	Z	E
–		

Schreib- und Sprechweise beim Ergänzungsverfahren üben

1 Übertrage in die Stellentafeln und berechne durch Ergänzen.
Sprich zu den einzelnen Rechenschritten.

a) 453 − 237

H	Z	E
		10
4	5	3
− 2	3	7
	1	
2	1	6

b) 682 − 308

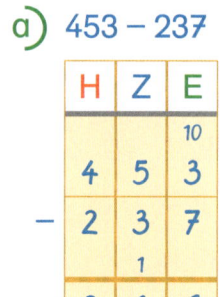

H	Z	E
−		

c) 764 − 327

H	Z	E
−		

d) 392 − 35

H	Z	E
−		

e) 575 − 359

H	Z	E
−		

f) 951 − 634

H	Z	E
−		

g) 251 − 27

H	Z	E
−		

h) 873 − 535

H	Z	E
−		

i) 358 − 174

H	Z	E
	10	
3	5	8
− 1	7	4
1		
1	8	4

k) 527 − 280

H	Z	E
−		

l) 768 − 284

H	Z	E
−		

m) 419 − 87

H	Z	E
−		

n) 636 − 475

H	Z	E
−		

o) 847 − 563

H	Z	E
−		

p) 973 − 480

H	Z	E
−		

r) 386 − 192

H	Z	E
−		

Schreib- und Sprechweise beim mehrfachen Stellenübergang üben

Ergänzen

1 Übertrage in die Stellentafeln und bestimme die Ergebnisse durch Ergänzen.
Rechne wie im Beispiel. Sprich zu den einzelnen Rechenschritten.

a) 943 – 358

H	Z	E
	10	10
9	4	3
– 3	5	8
1	1	
5	8	5

Beachte den mehrfachen Stellenübergang.

b) 514 – 136

c) 348 – 179

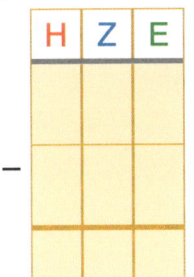

d) 981 – 694

e) 523 – 337

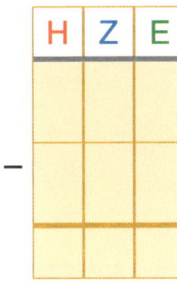

f) 827 – 349

g) 613 – 237

h) 435 – 298

i) 924 – 237

k) 634 – 376

l) 472 – 187

m) 578 – 389

n) 746 – 378

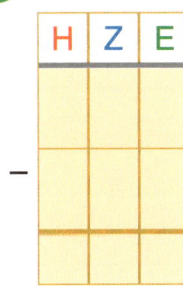

Schriftliches Subtrahieren üben

1 Löse die Aufgaben. Male die Felder mit den Ergebniszahlen aus.

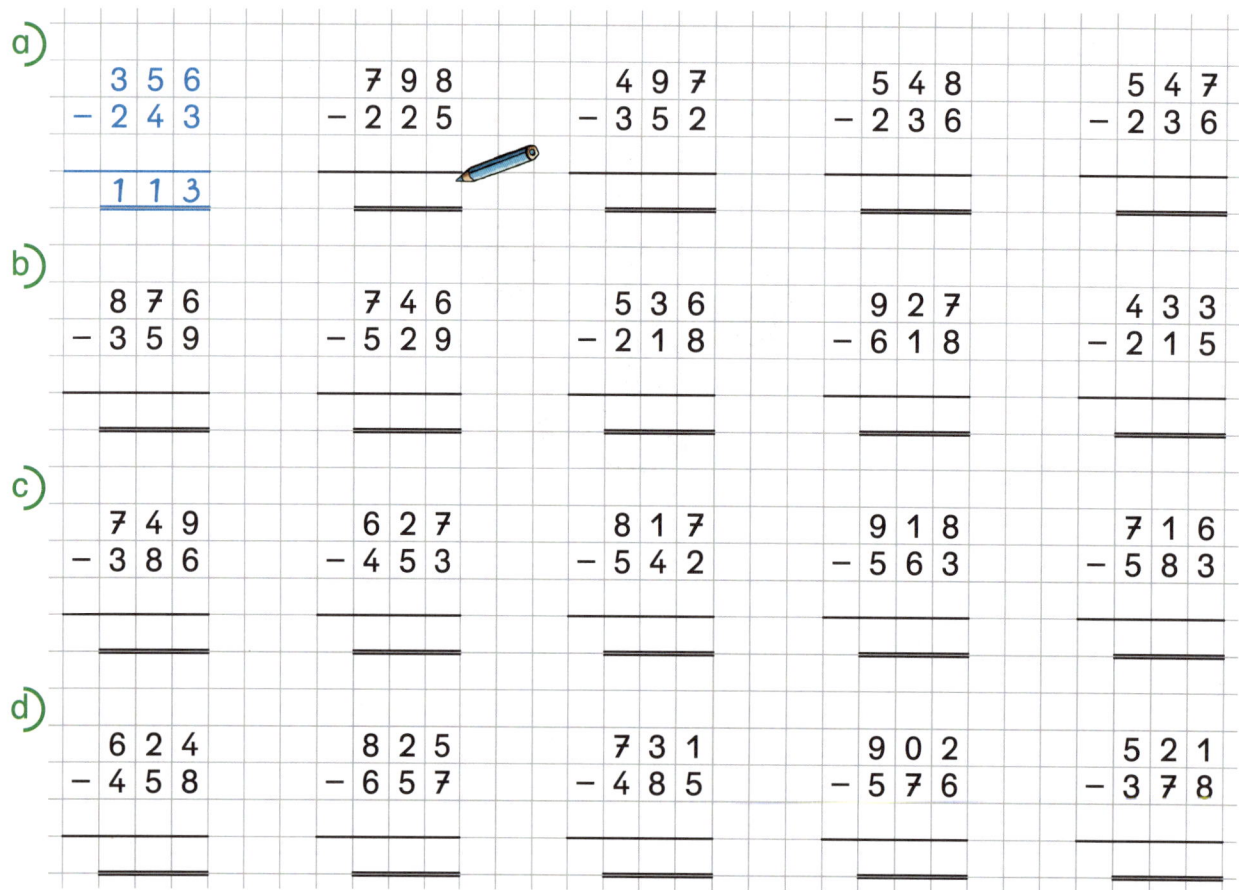

a)
```
  3 5 6      7 9 8      4 9 7      5 4 8      5 4 7
– 2 4 3    – 2 2 5    – 3 5 2    – 2 3 6    – 2 3 6
───────    ───────    ───────    ───────    ───────
  1 1 3
```

b)
```
  8 7 6      7 4 6      5 3 6      9 2 7      4 3 3
– 3 5 9    – 5 2 9    – 2 1 8    – 6 1 8    – 2 1 5
───────    ───────    ───────    ───────    ───────
```

c)
```
  7 4 9      6 2 7      8 1 7      9 1 8      7 1 6
– 3 8 6    – 4 5 3    – 5 4 2    – 5 6 3    – 5 8 3
───────    ───────    ───────    ───────    ───────
```

d)
```
  6 2 4      8 2 5      7 3 1      9 0 2      5 2 1
– 4 5 8    – 6 5 7    – 4 8 5    – 5 7 6    – 3 7 8
───────    ───────    ───────    ───────    ───────
```

1000	623	319	409	516	91	245	351
326 / 275	246 / 311	573	111	211 / 12 / 401	673	73 / 219	173
171	217	183	294	145		318 / 444	180
421	166	309 / 409	355 / 359 / 99	218	617	113	
249	363	498	247		144	133	296
	527 / 312	583 / 619 / 517	174	168			518 / 143
361	146 / 175 / 222	456 / 290	172 / 186	354	63	413	191 / 351

Die eigene Rechnung überprüfen

1 Berechne erst eine Aufgabe. Suche dann die passende Umkehraufgabe. Umkreise die passenden Aufgaben in der gleichen Farbe. Berechne dann die Umkehraufgabe.

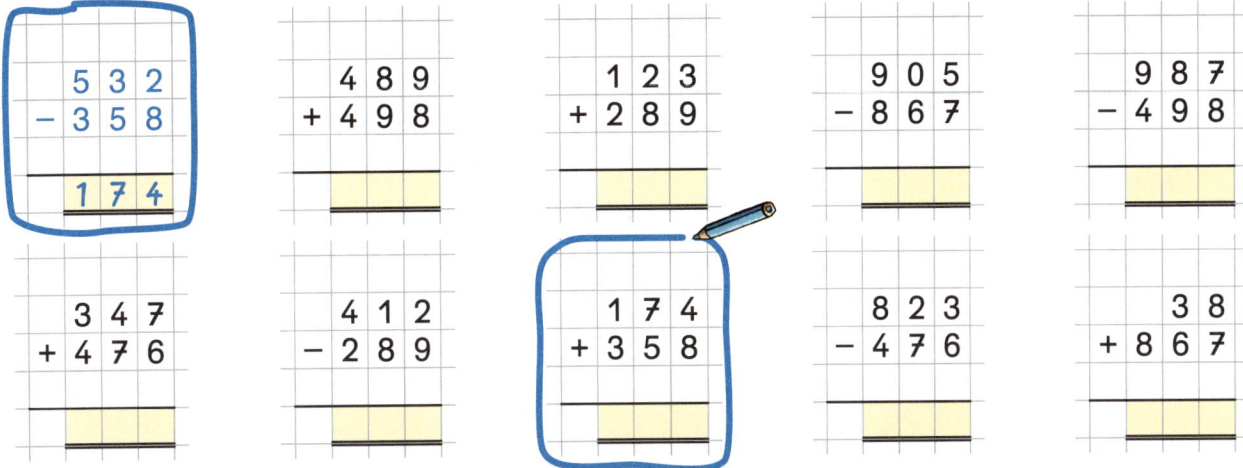

```
  5 3 2        4 8 9        1 2 3        9 0 5        9 8 7
- 3 5 8      + 4 9 8      + 2 8 9      - 8 6 7      - 4 9 8
---------    ---------    ---------    ---------    ---------
  1 7 4
```

```
  3 4 7        4 1 2        1 7 4        8 2 3          3 8
+ 4 7 6      - 2 8 9      + 3 5 8      - 4 7 6      + 8 6 7
---------    ---------    ---------    ---------    ---------
```

2 Verbinde jede schriftliche Rechnung mit der passenden Überschlagsrechnung. Rechne dann alle Aufgaben aus.

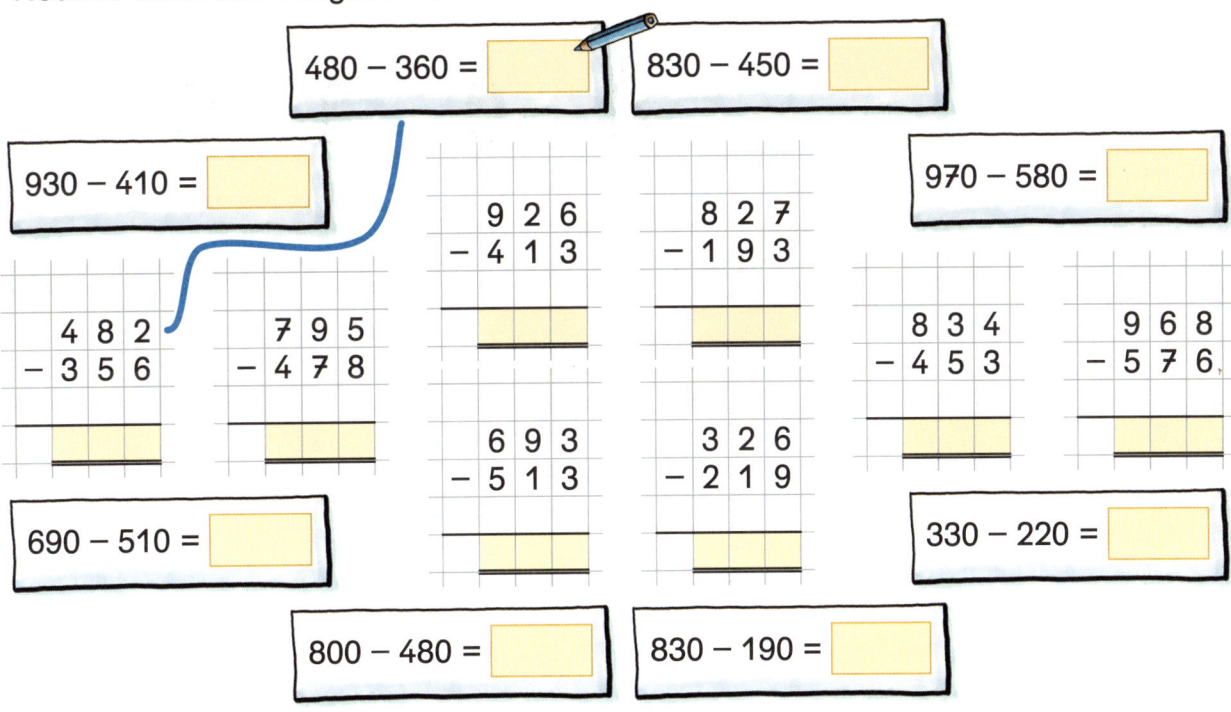

480 − 360 = ☐   830 − 450 = ☐

930 − 410 = ☐

970 − 580 = ☐

```
  9 2 6        8 2 7
- 4 1 3      - 1 9 3
---------    ---------
```

```
  4 8 2        7 9 5                                 8 3 4        9 6 8
- 3 5 6      - 4 7 8                               - 4 5 3      - 5 7 6
---------    ---------                              ---------    ---------
```

```
  6 9 3        3 2 6
- 5 1 3      - 2 1 9
---------    ---------
```

690 − 510 = ☐

330 − 220 = ☐

800 − 480 = ☐   830 − 190 = ☐

3 Umkreise Aufgaben blau, bei denen du einmal tauschen musst oder nur einen Übertrag hast. Umkreise Aufgaben gelb, bei denen du zweimal tauschen musst oder zwei Überträge hast. Rechne dann. Die Ergebnisse findest du in den Sternen.

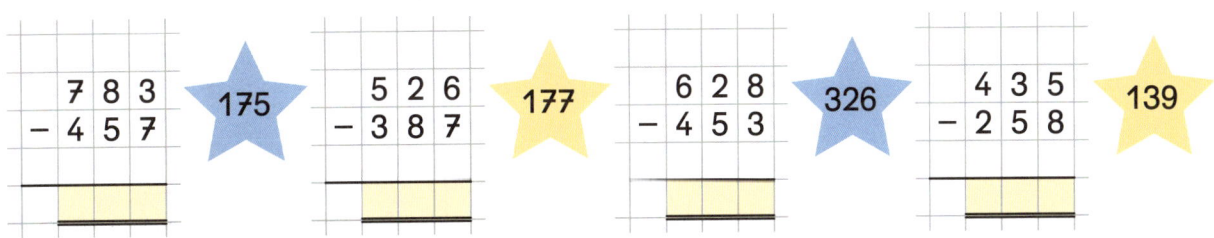

```
  7 8 3              5 2 6              6 2 8              4 3 5
- 4 5 7              - 3 8 7            - 4 5 3            - 2 5 8
---------            ---------          ---------          ---------
```

175   177   326   139

1 Bestimme zuerst die fehlenden Mitgliederzahlen der Vereine in Blautal. Berechne dann die Unterschiede zwischen den Mitgliederzahlen.

	Sportverein	Musikverein	Tennisverein
Jugendliche		157	159
Erwachsene	479	316	
insgesamt	861		387
Unterschiede:			

2 Am Ende der Woche erstellt der Hausmeister der Schule in Rotfelden eine Übersicht zum Milchverbrauch. Ergänze.

	🍶	🍶	🍶	🍶	insgesamt
Lieferung am Montag	315	275	225		950
Verkauf während der Woche		198		114	
Bestand am Wochenende	87		78		

3 Der Pförtner im Blautaler Museum zählt die Besucher. Jeden Abend zeichnet er ein Schaubild. Bestimme die Besucherzahlen für jeden Tag und für die ganze Woche.

Dienstag: 173

Mittwoch:

Donnerstag:

Freitag:

Samstag:

Sonntag:

Gesamte Woche

Geldbeträge unterschiedlich zusammenstellen

1 Zeichne Geldscheine, so dass sich der genannte Betrag ergibt.

a) 500 €

| 100 € | | |

500 €

| | | | |

b) 400 €

| | | |

400 €

| | | |

c) 250 €

| | | | |

250 €

| | | |

d) 300 €

| | | |

e) 180 €

| | | |

2 Ergänze zu 1000 Euro. Schreibe die Ergänzungsaufgabe auf.

| 200 € | 100 € |

$$\boxed{700} \ € + \boxed{300} \ € = 1000 €$$

| | | |

$$\boxed{} \ € + \boxed{} \ € = 1000 €$$

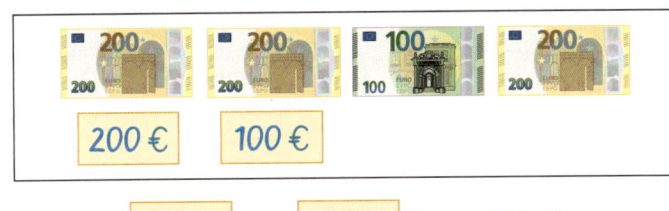

| | | |

$$\boxed{} \ € + \boxed{} \ € = 1000 €$$

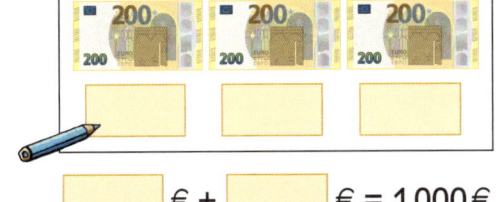

| | |

$$\boxed{} \ € + \boxed{} \ € = 1000 €$$

3 Finde verschiedene Möglichkeiten, wie du 700 Euro bezahlen kannst.

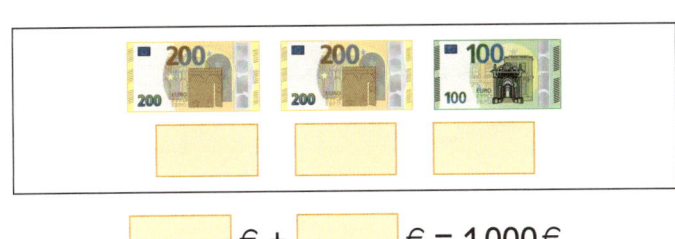
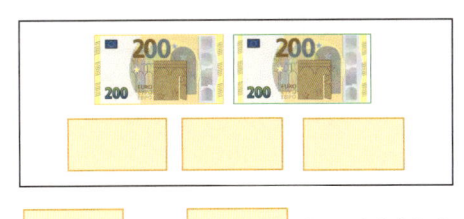

200	100	50	20	10	5
3	1	–	–	–	–

Geldbeträge unterschiedlich notieren

1 Fülle die Tabelle aus.

€	€	ct	ct
2,38	2	38	238
8,07			
9,00			
	5	16	
			704
0,09			
	1	1	
			1000
	0	17	

2 Verbinde passend.

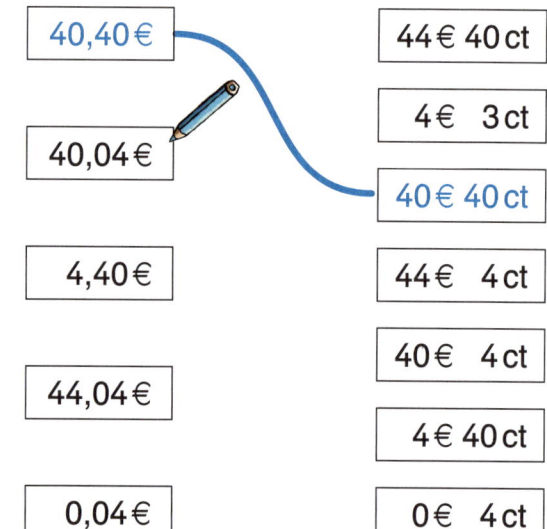

40,40 €	44 € 40 ct
	4 € 3 ct
40,04 €	40 € 40 ct
4,40 €	44 € 4 ct
	40 € 4 ct
44,04 €	4 € 40 ct
0,04 €	0 € 4 ct

3 Male Preisschilder mit dem gleichen Betrag in der gleichen Farbe aus.

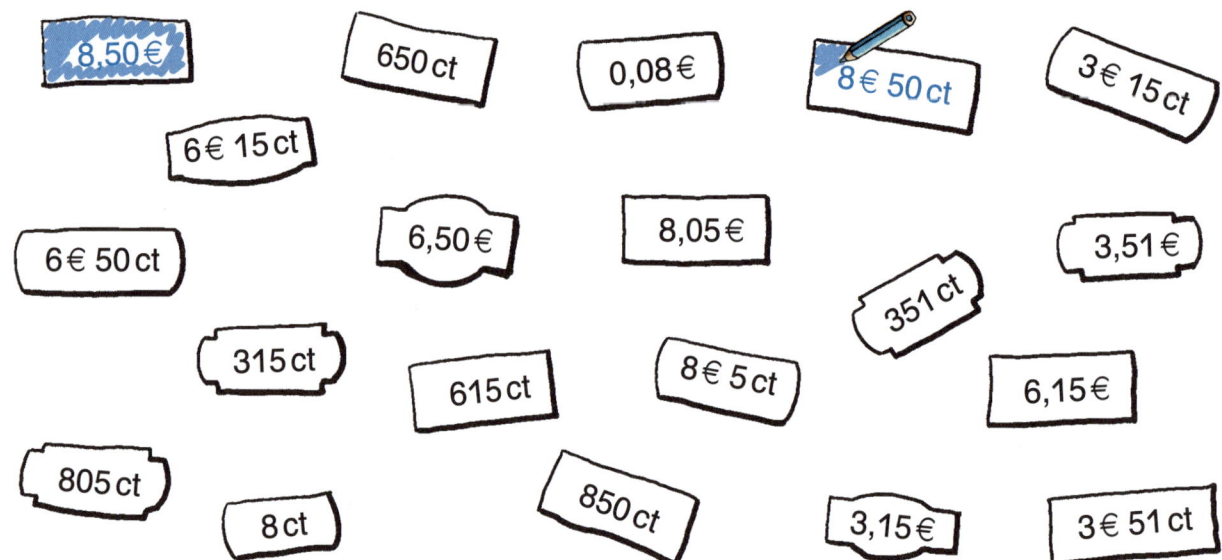

8,50 € 650 ct 0,08 € 8 € 50 ct 3 € 15 ct
6 € 15 ct
6 € 50 ct 6,50 € 8,05 € 3,51 €
351 ct
315 ct 615 ct 8 € 5 ct 6,15 €
805 ct 8 ct 850 ct 3,15 € 3 € 51 ct

4 Schreibe mit Komma.

a) 8 € 1 ct = 8,01 €

81 ct = _____ €

81 € 10 ct = _____ €

8 € 10 ct = _____ €

8 € 11 ct = _____ €

b) 50 € 0 ct = _____ €

50 € 5 ct = _____ €

5 € 5 ct = _____ €

5 ct = _____ €

50 ct = _____ €

c) 4 € 3 ct = _____ €

43 ct = _____ €

4 € 30 ct = _____ €

40 € 3 ct = _____ €

34 ct = _____ €

Ereignisse in Rechenschritte übertragen

1 Trage die fehlenden Beträge ein.

a) Rechne im Kopf.

25 € — spart 12 € (+12 €) → ___ € — gibt 15 € aus (−) → ___ € — bekommt 27 € → ___ €

175 € — verliert 34 € → ___ € — verdient 52 € → ___ € — spart 25 € → ___ €

210 € — gewinnt 50 € beim Wettbewerb → ___ € — bekommt 150 € zum Geburtstag → ___ € — kauft ein Fahrrad für 250 € → ___ €

85 € — nimmt beim Flohmarkt 72 € ein → ___ € — bezahlt 15 € Standmiete → ___ € — leiht dem Bruder 25 € → ___ €

160 € — verkauft ihren CD-Player für 50 € → ___ € — kauft für 35 € Geschenke → ___ € — findet 12 € in der Hosentasche → ___ €

b) Rechne schriftlich.

12,50 € — spart 5,80 € Taschengeld → ___ € — kauft ein Buch für 8,95 € → ___ € — bekommt von Oma 5,50 € → ___ €

```
   1 2 , 5 0 €
+    5 , 8 0 €
```

18,95 € — verdient 7,30 € → ___ € — gibt 7,99 € aus → ___ € — verliert 50 ct → ___ €

1 Beginne in jeder Zeile mit dem Ergebnis der vorherigen Zeile.

a)
360 : 40 = **9**
9 · 60 = [ ]
[ ] : 2 = [ ]
[ ] : 30 = [ ]
[ ] · 50 = [ ]
[ ] : 90 = [ ]
[ ] · 70 = [ ]
[ ] : 5 = 70

b)
400 : 80 = [ ]
[ ] · 60 = [ ]
[ ] : 10 = [ ]
[ ] · 8 = [ ]
[ ] · 2 = [ ]
[ ] : 80 = [ ]
[ ] · 90 = [ ]
[ ] : 6 = 90

c)
630 : 7 = [ ]
[ ] : 3 = [ ]
[ ] · 4 = [ ]
[ ] : 60 = [ ]
[ ] · 80 = [ ]
[ ] · 2 = [ ]
[ ] : 40 = [ ]
[ ] · 70 = 560

2 Fülle die Tabelle aus.

A	30	80	60	100	40	60	70	90	100
B	5	4					7		
A mal B	150		120		320			270	
A geteilt durch B				20		20			10

3 Berechne und trage ein.

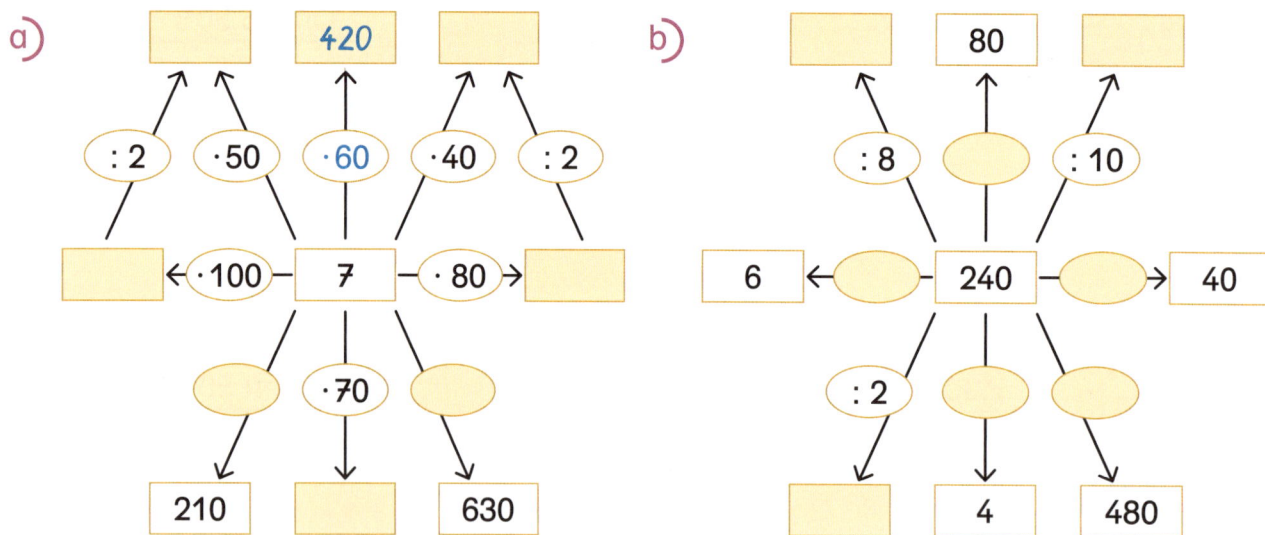

4 Entwickle selbst einen Rechenplan wie in Aufgabe ❸.

In zwei Schritten multiplizieren und dividieren

1 Finde die beiden Teilaufgaben und berechne.

6 · 5 4 =		7 · 6 8 =	3 · 7 4 =
6 · 5 0 =			
6 · 4 =			
6 · 5 4 =			

2 In Schritten kommst du zum Ergebnis. Ergänze die Felder.

a)

8 · 100 = 800	8 · 20 = 160	8 · 3 = 24	8 · 123 = 984
4 · 200 =	4 · 30 =	4 · 9 =	
7 · 100 =	7 · 40 =	7 · 2 =	
3 · 300 =	3 · 20 =	3 · 9 =	

b)

5 · 100 = 500	5 · 70 = 350	5 · 3 = 15	5 · 173 =
			4 · 218 =
			6 · 129 =
			2 · 476 =

3 Schreibe die beiden Teilaufgaben dazu und berechne.

3 2 8 : 4 =		5 8 8 : 7 =	3 6 5 : 5 =
3 2 0 : 4 = 8 0			
8 : 4 = 2			
3 2 8 : 4 = 8 2			

4 Suche und ergänze die passenden Teilaufgaben.
Male die Kärtchen in der gleichen Farbe aus.

512 : 8 = 64	291 : 3 =	258 : 6 =	675 : 9 =	198 : 3 =
21 : 3 =	18 : 6 =	45 : 9 =	240 : 6 =	480 : 8 = 60
630 : 9 =	270 : 3 =	32 : 8 = 4	18 : 3 =	180 : 3 =

Gerade und ungerade Zahlen unterscheiden

1 Male bei allen geraden Zahlen die Endziffer grün aus.
Male die Endziffer bei ungeraden Zahlen rot aus.

345 482 694 167 510

973 436 800 318

781 259 638 324 915

772 227 481 1 000

2 Umkreise alle geraden Zahlen grün, alle ungeraden rot.

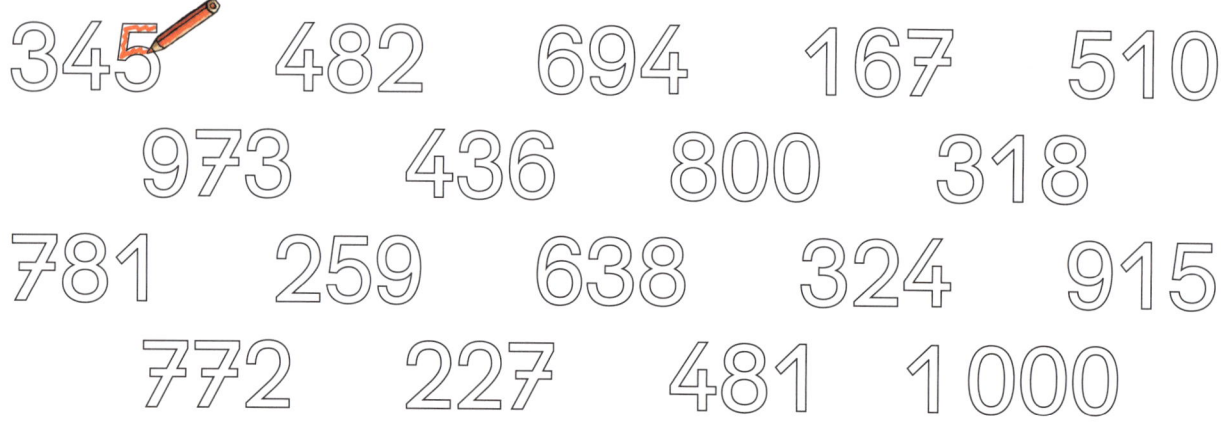

468 500 710 268 395 224 356 326 596
435 251 431 486
772 438 101 802 999 314
264 112 528 885 273
645 573
973 827 457 497 271 1 000 380

3 Ergänze in den Ausschnitten aus den Zahlentafeln
gerade Zahlen grün und ungerade Zahlen rot.

a)

571	572								580
581									

b)

831									
									860

Gewichte ermitteln – passende Gegenstände zuordnen

1 Zum Wiegen der Gegenstände wurden jeweils die angegebenen Gewichtsstücke verwendet.

Berechne das Gewicht und trage es mit der passenden Einheit ein.

650 g

2 Schreibe oder zeichne zum jeweiligen Gewicht passende Dinge.

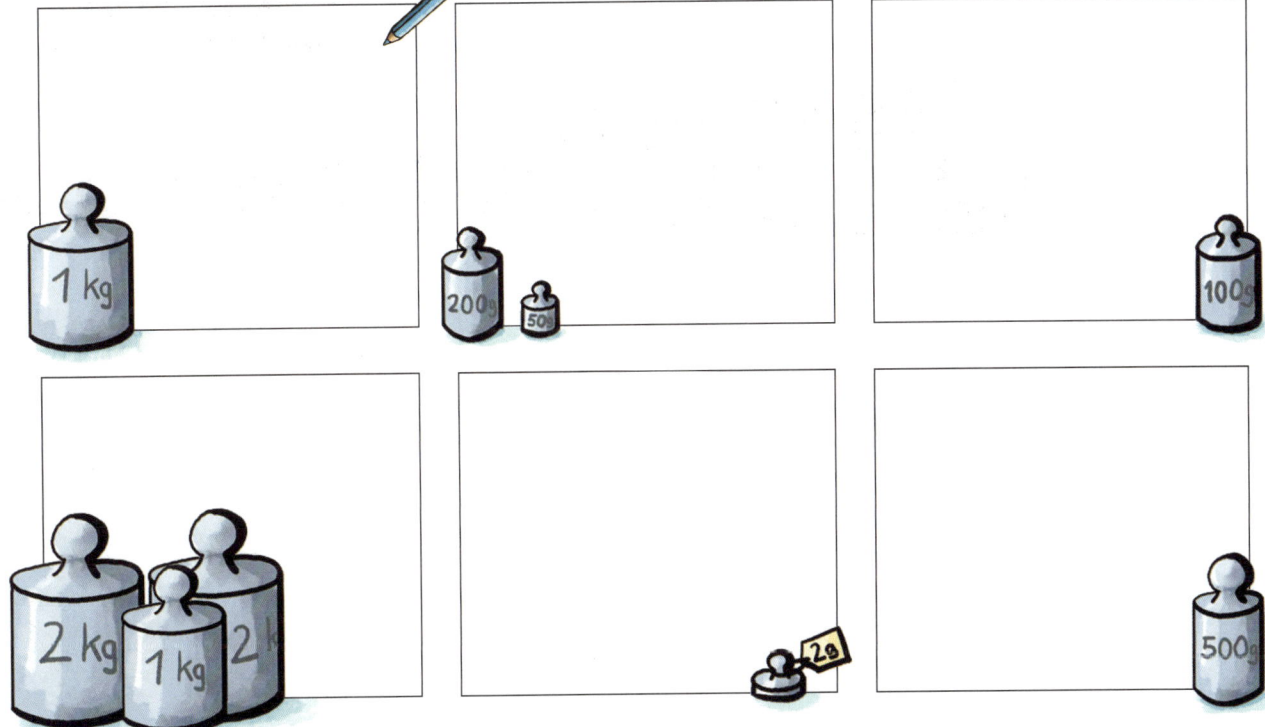

Gewichte ermitteln und zusammenstellen

1 Bestimme das Gesamtgewicht, wenn beim Wiegen jeweils die angekreuzten Gewichte verwendet wurden.

Gesamt-gewicht	500 g	200 g	100 g	100 g	50 g	20 g	10 g	10 g	5 g	2 g	2 g	1 g
635 g	×			×		×	×		×			
		×	×		×			×		×		×
	×				×		×			×		
			×	×	×	×				×	×	
		×		×			×		×			×
	×				×				×			
		×		×		×			×	×		
	×		×		×		×		×			×

2 Kreuze an, welche Gewichte du benötigst, um Gegenstände mit dem angegebenen Gewicht abzuwiegen.

Gewicht Gegen-stand	500 g	200 g	100 g	100 g	50 g	20 g	10 g	10 g	5 g	2 g	2 g	1 g
250 g												
475 g												
368 g												
820 g												
753 g												
977 g												
112 g												
75 g												
1 000 g												

Passende Gewichtsangaben finden – Beziehungen darstellen

1 Kreise in jeder Zeile das passende Gewicht ein.

Gegenstand	Gewicht				
1 Packung Mehl	200 g	(1000 g)	100 g	5 kg	500 g
1 Tafel Schokolade	1 kg	250 g	500 g	100 g	3 kg
1 Packung Butter	250 g	500 g	100 g	1 kg	750 g
1 Arbeitsblatt	10 g	5 g	100 g	80 g	1 kg
1 Teebeutel	100 g	10 g	2 g	80 g	50 g
1 Sack Kartoffeln	500 g	150 g	750 g	1000 g	5 kg
1 Gummibärchen	100 g	10 g	2 g	200 g	50 g
1 Becher Sahne	100 g	50 g	750 g	200 g	500 g
1 Fußball	100 g	400 g	1 kg	800 g	2 kg
1 Tennisball	100 g	60 g	500 g	1 kg	200 g

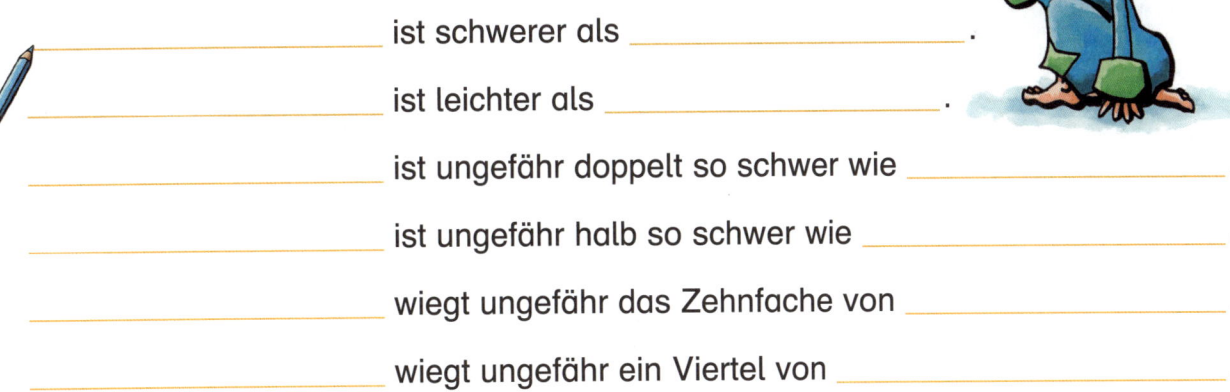

Mein Zauberstab ist leichter als dein Mäppchen.

2 Ergänze die folgenden Aussagen.

_____ ist schwerer als _____ .

_____ ist leichter als _____ .

_____ ist ungefähr doppelt so schwer wie _____ .

_____ ist ungefähr halb so schwer wie _____ .

_____ wiegt ungefähr das Zehnfache von _____ .

_____ wiegt ungefähr ein Viertel von _____ .

3 Trage in die Pfeilbilder passende Gegenstände ein.

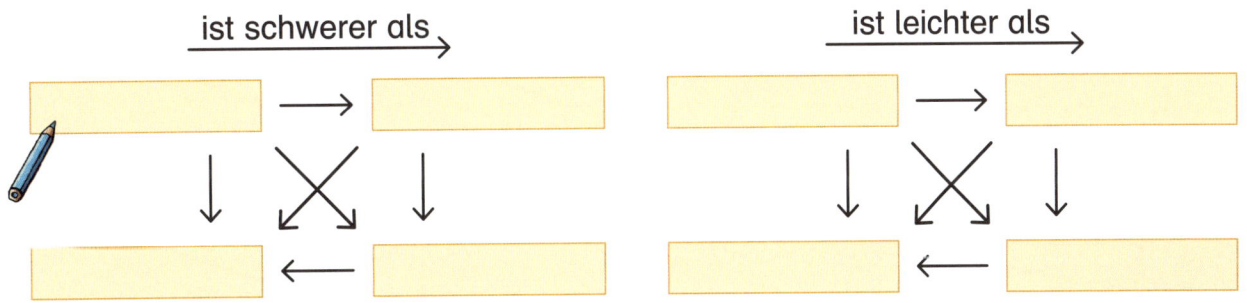

ist schwerer als →

ist leichter als →

Seitenlängen von Figuren messen – Figuren vergleichen

1 Miss mit deinem Lineal die Seitenlängen jeder Figur.
Schreibe dein Messergebnis in cm an die jeweilige Seite.
Finde heraus, welche zwei Rechtecke, welche zwei Quadrate
und welche zwei Dreiecke genau gleich sind.
Male diese Paare jeweils mit der gleichen Farbe aus.

4,0 cm

2,0 cm

Maßeinheiten umwandeln – auf 1 km ergänzen

1 Schreibe auf verschiedene Arten.

a)

3 m 17 cm			9 m 8 cm	
317 cm	893 cm			67 cm
3,17 m		0,72 m		

b)

7,05 m			9,99 m	
7 m 5 cm	7 m 97 cm			
705 cm		47 cm		1 001 cm

c)

0,8 cm		0,5 cm		
8 mm	47 mm		11 mm	
0 cm 8 mm				3 cm 6 mm

2 Ergänze jeweils zu 1 km.

1 km	
600 m	400 m
	450 m
	830 m
50 m	
960 m	

1 km	
500 m	
	435 m
693 m	
	1 000 m
755 m	

1 km	
923 m	
	87 m
534 m	
	287 m
999,50 m	

3 Male die Angaben zu den gleichen Längen in der gleichen Farbe aus.

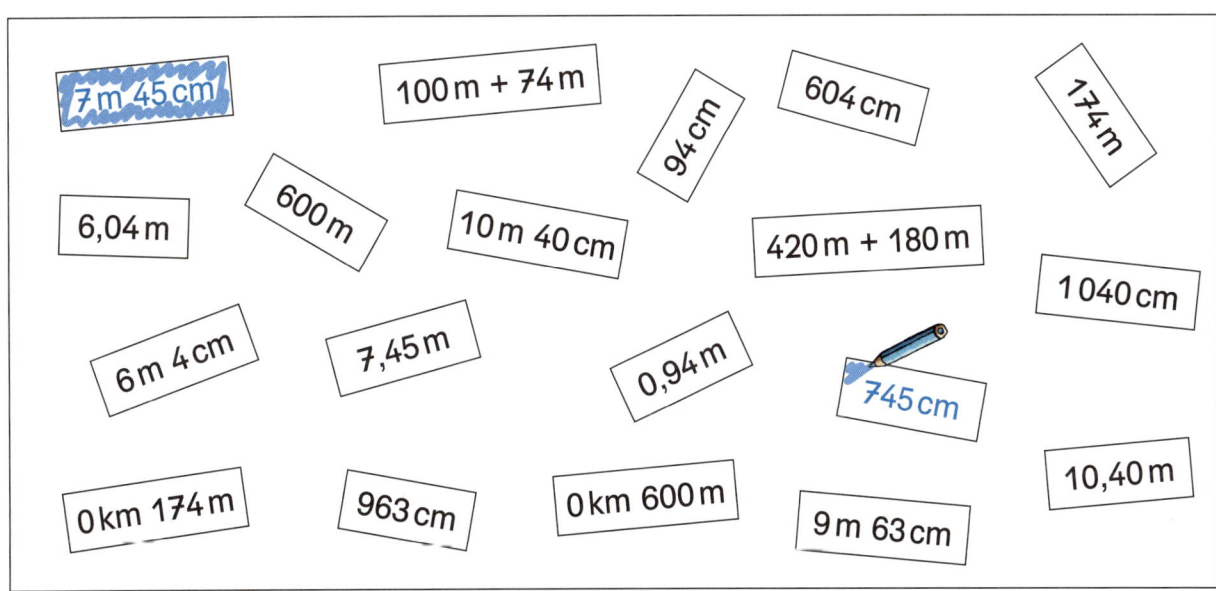

Körperwachstum festhalten und darstellen

1 Herr Wagner hat immer wieder die Körpergröße seines Sohnes Stefan gemessen und notiert. Stefan ist im Oktober 1998 geboren.

Beantworte die folgenden Fragen.

a) Wie viel cm ist Stefan im ersten Lebensjahr gewachsen? _____

b) Wie viel cm ist er von Oktober 2002 bis Dezember 2009 gewachsen? _____

c) Wie viel cm ist er von Februar 2006 bis Oktober 2012 gewachsen? _____

Oktober	1998:	52 cm
September	1999:	77 cm
Oktober	2002:	1,07 m
Februar	2006:	1,32 m
Dezember	2009:	1,56 m
Dezember	2011:	1,71 m
Oktober	2012:	1,80 m

2 Herr Wagner hat Stefans Wachstum in ein Diagramm übertragen.

a) Setze das Säulendiagramm fort. b) Verbinde nacheinander die Spitzen der Säulen.

c) Betrachte die Verbindungslinien.
In welchem Zeitabschnitt ist Stefan am schnellsten gewachsen?

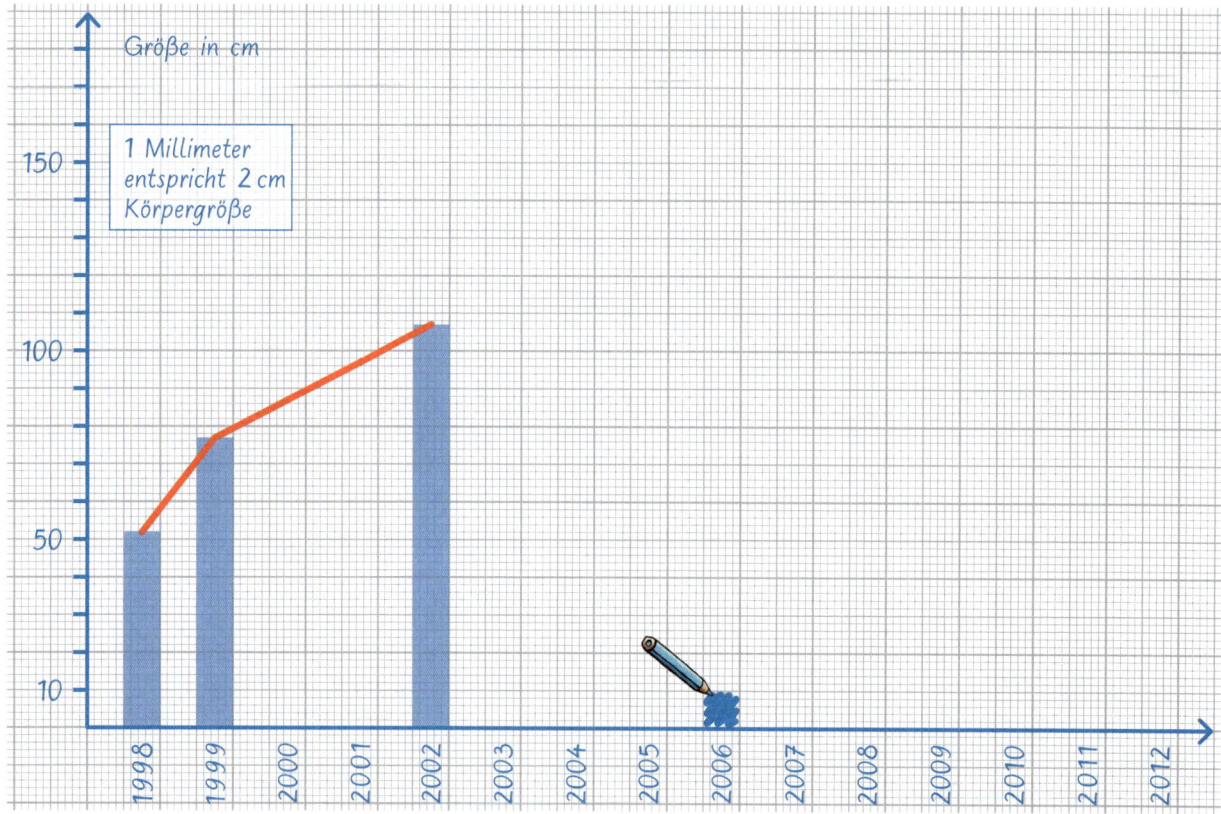

3 Frage deine Eltern, ob es über die Entwicklung deiner Körpergröße Unterlagen gibt (zum Beispiel im Vorsorgeuntersuchungsheft). Du kannst die Entwicklung deiner Körpergröße in einem Säulendiagramm wie bei Aufgabe **2** darstellen.

Körperformen, Namen und Eigenschaften verbinden

1 Male die Körper entsprechend der Farbe ihrer Namenskärtchen aus.

Quader	Würfel	Zylinder	Pyramide	Kegel

a)

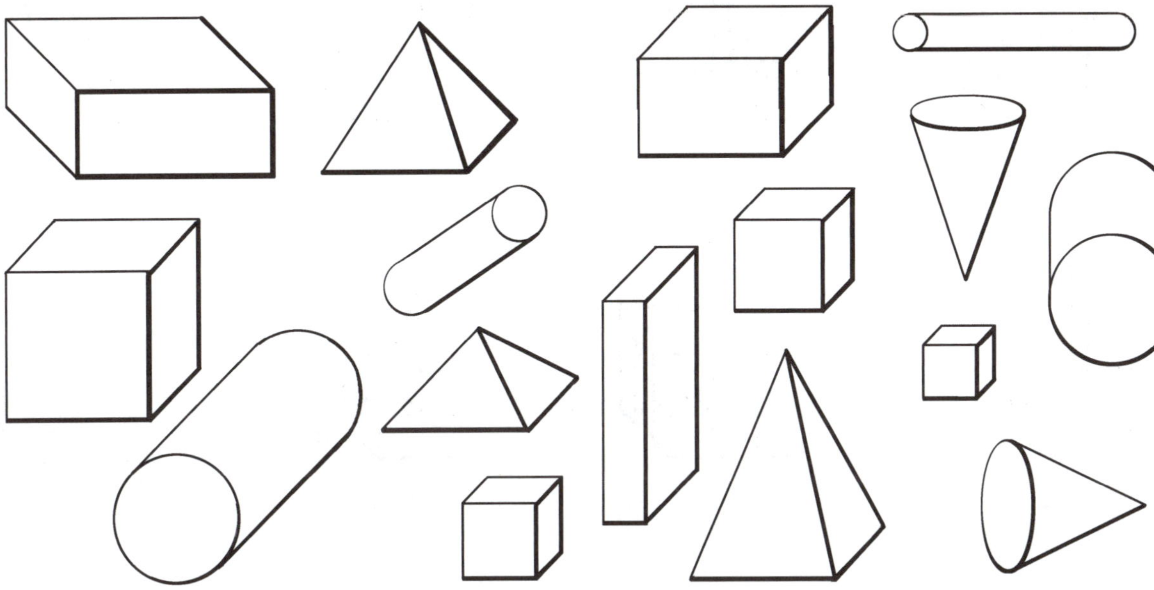

b)

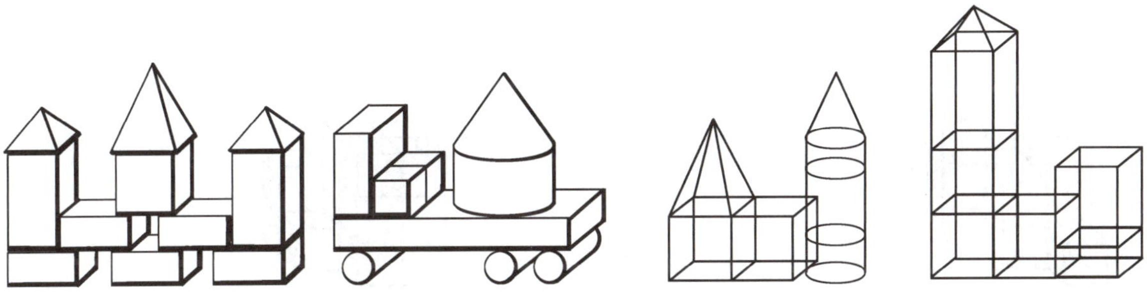

2 Umkreise in der gleichen Farbe, was zueinanderpasst.

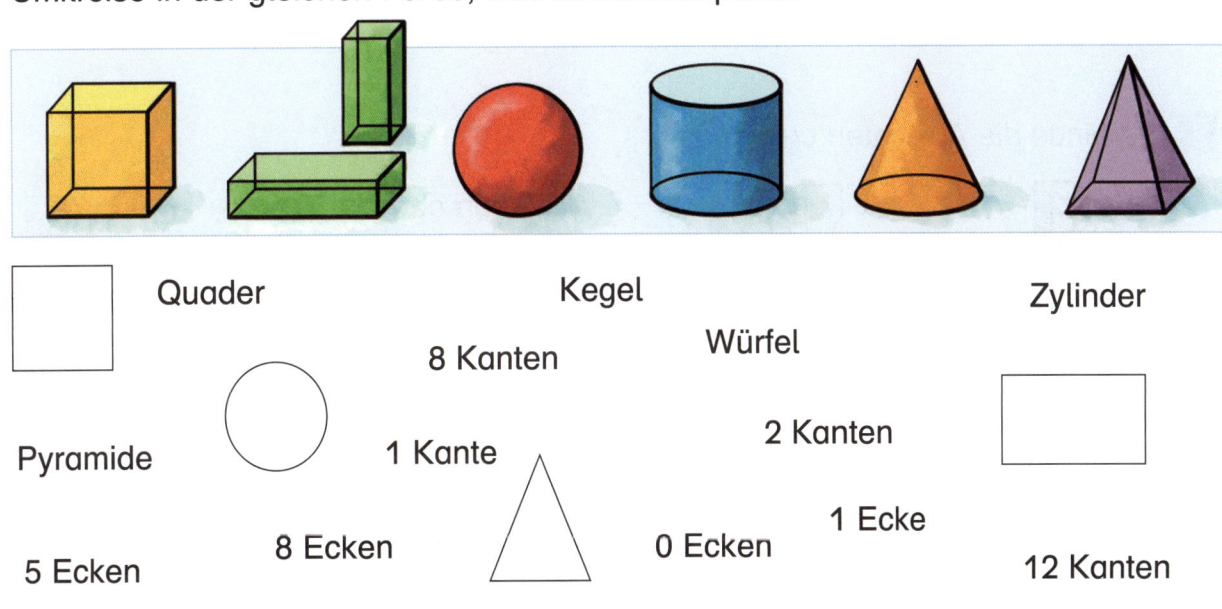

Quader   Kegel   Zylinder

8 Kanten

Würfel

2 Kanten

Pyramide   1 Kante

1 Ecke

5 Ecken   8 Ecken   0 Ecken   12 Kanten

Würfelbauten untersuchen

1 Trage ein, aus wie vielen Würfeln die Würfelbauten bestehen.

a)

b)

c)

d)

e)

f)

g)

h)

2 Umkreise den zum Würfelgebäude passenden Bauplan.

a)

4	2	3
3	2	1
2	0	0

4	2	3
3	2	1
1	0	0

5	2	3
3	2	1
1	0	0

b)

3	3	2
3	3	2
3	3	1

3	3	0
3	3	1
3	3	2

3	3	2
3	3	1
3	3	0

3 Verbinde die Ansichten passend.

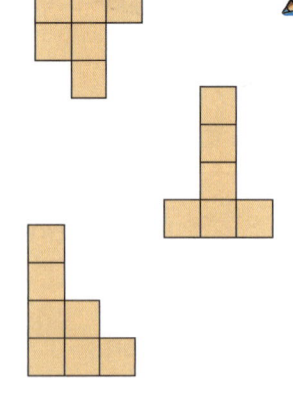

von oben

von rechts

von vorne

von hinten

von unten

von links

Die passende Skizze und alle Möglichkeiten finden

1 Alle Möglichkeiten bestimmen

a) Kreuze zunächst das passende
Baumdiagramm an und bestimme
dann die Anzahl der Möglichkeiten.

Es gibt verschiedenfarbiges
Geschirr.

Teller: rot und blau
Untertassen: gelb und orange
Tassen: lila und grün

Wie viele Möglichkeiten gibt es,
ein buntes Gedeck aus Teller,
Untertasse und Tasse
zusammenzustellen?

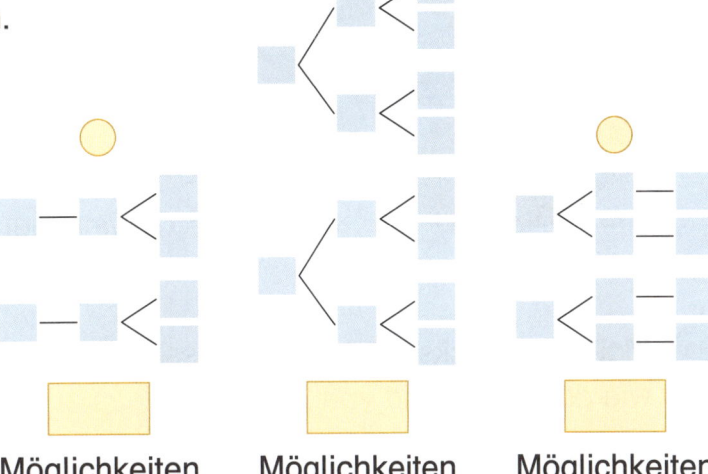

Möglichkeiten   Möglichkeiten   Möglichkeiten

b) Stelle alle Möglichkeiten dar.

2 Im Sportunterricht werden vier Gruppen A, B, C und D gebildet.
Die Klasse macht ein kleines Fußballturnier, bei dem alle Gruppen
nur einmal gegeneinander spielen sollen.

a) Wähle die passende Skizze aus und bestimme die Anzahl der Spiele.

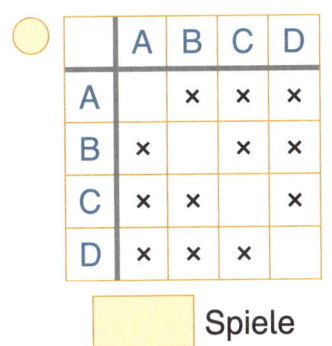

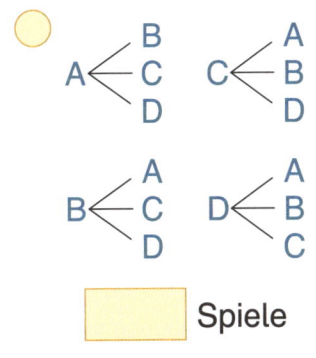

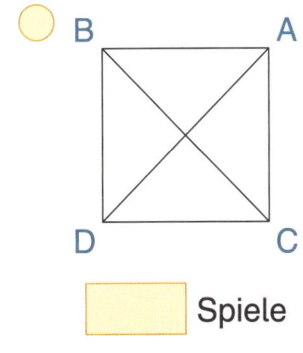

Spiele   Spiele   Spiele

b) Erkläre „den Fehler" in zwei der drei Skizzen.

Glücksräder nach Gewinnchance gestalten

1 Kreuze die Aussagen an, die zu dem abgebildeten Glücksrad passen.

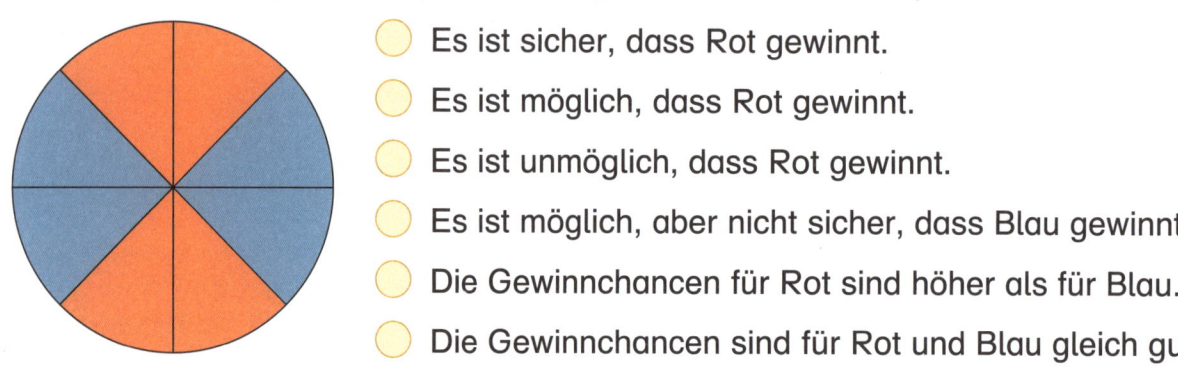

◯ Es ist sicher, dass Rot gewinnt.

◯ Es ist möglich, dass Rot gewinnt.

◯ Es ist unmöglich, dass Rot gewinnt.

◯ Es ist möglich, aber nicht sicher, dass Blau gewinnt.

◯ Die Gewinnchancen für Rot sind höher als für Blau.

◯ Die Gewinnchancen sind für Rot und Blau gleich gut.

2 Male die Glücksräder so an, dass sie die gleichen Gewinnchancen haben wie das Glücksrad von Aufgabe **1**.

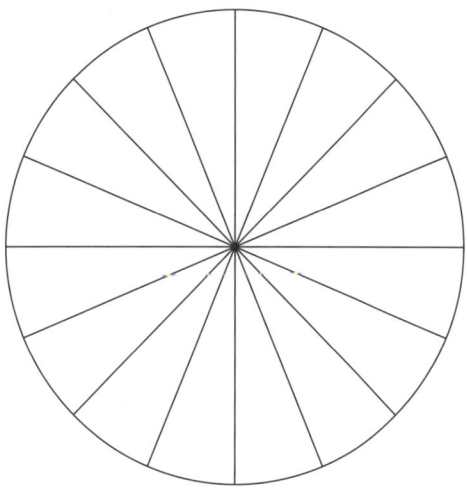
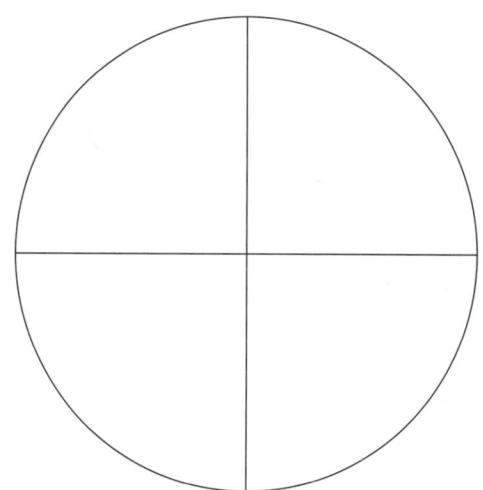

3 Male die Glücksräder so an, dass …

a) … die Gewinnchance für Rot doppelt so groß ist wie für Blau.

b) … die Gewinnchance für Blau dreimal so groß ist wie für Rot.

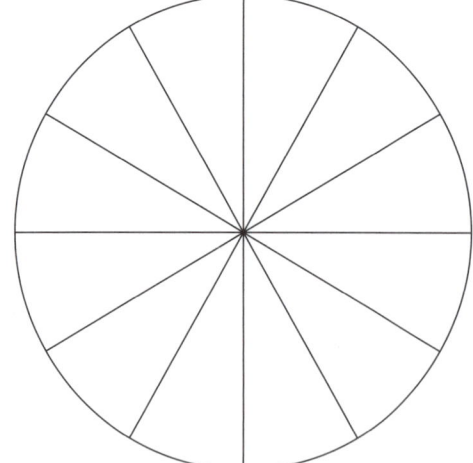
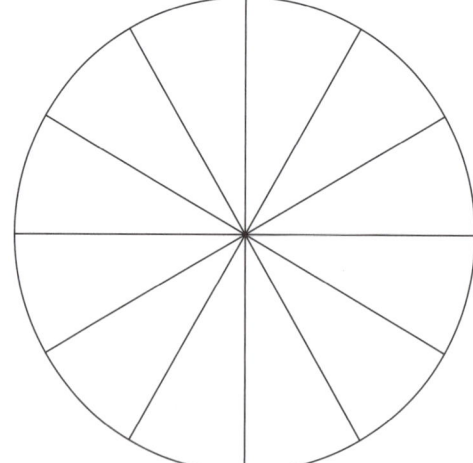